창의적 문제해결 이론과 사례
TRIZ Level 1

(사)한국트리즈협회 지음
김익철 · 박영수 · 송용원 · 주재만 · 최은영

GS인터비전

프롤로그

"문제를 좋아하시나요(Do you like problems)?"

이 질문을 받은 당신은 어떠한 대답을 할지 궁금하다. 대부분 사람들은 문제를 싫어한다. 하지만 가정, 직장, 인간관계 속에서 우리의 삶은 문제로 가득 차 있다. 역사적으로 문제를 회피하거나 해결하지 못한 사람들은 대부분 패배자로, 문제를 당당히 직면하고 해결한 사람들은 성공자로 남아있다. 역사는 문제를 해결한 사람들에 의해 발전해 왔다.

"인간은 문제를 해결하기 위해 이 땅에 태어났다!?"

인간은 태어나자마자 배고픔과 생존에 관한 문제에 봉착한다. 어려서는 부모가 문제를 해결해 주지만 성장하면서 교육을 받기 시작한다. 왜?

본인의 문제를 스스로 해결하라고. 그리고 세상에 나가 문제를 잘 해결하는 전문가가 되라고. 전문가란 문제를 잘 해결하는 사람이다.

"인간의 핵심 능력은 문제를 해결하는 능력이다!"

훌륭한 정치가는 언변만 뛰어난 자가 아니라 세상의 복잡한 이해관계를 인식하고 국민이 행복한 삶을 살도록 정치적 문제를 잘 해결하는 해결사다. 명의는 인간의 질병문제를 제대로 진단하고 해결하는 건강문제 해결사다. 뛰어난 엔지니어는 기술시스템을 이해하고, 각종 기술문제를 해결하는 해결사다. 우리가 유능한 사람이 된다는 것은 문제를 해결하는 능력이 향상된다는 것이다.

"트리즈(TRIZ)는 주어지거나 찾아낸 문제를 가장 창의적으로 해결할 수 있도록 도와주는 체계적인 이론이다"

학자들은 문제를 잘 해결하기 위해 세 가지 요소가 필요하다고 생각한다. 지식, 열정 그리고 생각하는 방법!

트리즈는 창의적인 생각으로 문제를 신속하고 제대로 해결하도록 도와주는 이론이다.

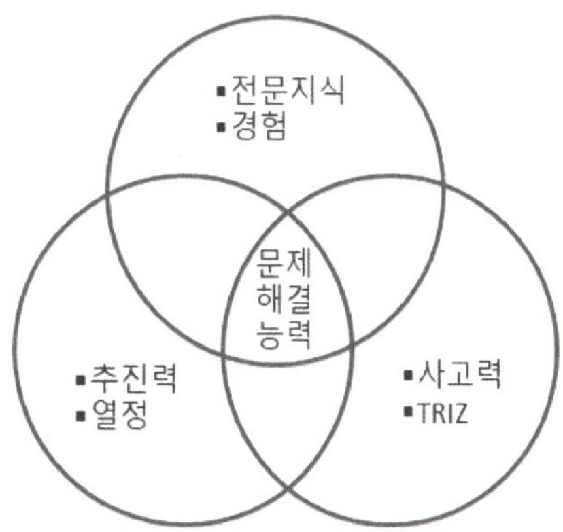

문제 앞에 어떻게 해야 할지 모르는 사람들에게 문제를 체계적으로 정의하고 분석하며 뛰어난 아이디어를 만들 수 있도록 한 걸음 한 걸음 이상적인 해결안으로 인도해 주는 지혜로운 가이드이다.

(사)한국트리즈협회는 트리즈 이론을 정리하여 많은 사람들이 체계적으로 트리즈를 배울 수 있도록 이 책을 만들게 되었다.

이 책은 트리즈 창시자와 트리즈의 역사, 발명과 창의성, 시스템적 사고법, 자원의 활용, 이상적 해결안, 그리고 모순이란 무엇이고 모순을 해결하는 창의적 방법이 무엇인지 트리즈의 가장 기본적이며 핵심적인 개념을 누구나 쉽게 이해할 수 있도록 설명하였다.

본 책은 다음과 같이 크게 5장으로 분류하여 이론과 사례와 함께 내용을 설명하였다.

1장 트리즈란 무엇인가?

2장 발명과 창의성

3장 시스템적 사고

4장 자원의 활용

5장 모순

그리고 부록에는 독자들이 스스로 문제 해결을 할 수 있도록 트리즈 단계에 따른 양식이 포함되어 있고, (사)한국트리즈협회 홈페이지(triz.or.kr)에서 파워포인트 양식을 다운받아 사용할 수 있다. 또한 트리즈를 활용한 사례를 제공하여 독자들의 문제 해결에 참고할 수 있도록 하였다. 나아가 트리즈 앱(App.)을 제공하여 간단한 문제를 40가지 발명 원리를 활용하여 아이디어를 찾을 수 있도록 하였다.

이 책이 세상의 많은 사람들에게 문제를 해결하는 능력을 향상시켜 이 세상을 더욱 긍정적이고 밝게 발전시켜 나가는데 작은 도움이 되기를 희망한다.

(사)한국트리즈협회 저자일동

차 례

프롤로그 ······ 1

차례 ······ 3

Chapter 1. 트리즈란 무엇인가? ······ 5
1.1 알트슐레르(Altshuller, 알트슐러)와 트리즈(TRIZ) ······ 7
1.2 트리즈의 기본 틀(Framework) ······ 15

Chapter 2. 발명과 창의성 ······ 21
2.1 발명 문제와 해결책 ······ 23
2.2 발명의 수준 ······ 25
2.3 규칙성(Regularity) ······ 28
2.4 심리적 타성(Psychological Inertia) ······ 33

Chapter 3. 시스템적 사고(Systematic Thinking) ······ 37
3.1 시스템적 사고 ······ 39
3.2 9 윈도우(9 Windows) ······ 40

Chapter 4. 자원(Resource)의 활용 ······ 49
4.1 자원이란 무엇인가? ······ 51
4.2 자원의 사용 ······ 60
4.3 물질-장(Substance-Field) ······ 65

Chapter 5. 모순(Contradiction) ······ 79
5.1 모순(Contradiction)의 개념 ······ 81
5.2 기술적 모순(Technical Contradiction)과 해결 방법 ······ 83
5.3 물리적 모순(Physical Contradiction)과 해결 방법 ······ 107

에필로그 ········· 123

부록 1. XY-TRIZ 개념도 ········· 125
부록 2. XY-TRIZ 양식 ········· 129
부록 3. XY-TRIZ 사례(일반) ········· 135
부록 4. XT-TRIZ 사례(학생) ········· 145
부록 5. 트리즈 앱(App.) 소개 ········· 155
부록 6. 트리즈 40가지 발명 원리 ········· 161

Chapter 1.
트리즈란 무엇인가?

1.1 알트슐레르(Altshuller, 알트슐러)와 트리즈(TRIZ)
1.2 트리즈의 기본 틀(Framework)

1.1 알트슐레르(Altshuller, 알트슐러)와 트리즈(TRIZ)

트리즈의 역사는 트리즈를 창시한 겐리흐 싸울로비치 알트슐레르(Генрих Саулович Альтшуллер, 1926.10.15.~1998.9.24)(이하 **알트슐러**로 표기함)로부터 시작해야 한다.

알트슐러는 1926년 10월 15일 구소련 우즈베키스탄 타슈켄트(Ташкент)에서 태어났으며 다섯 살까지 그곳에서 살았다.

아제르바이잔 바쿠(Baku) 출신인 알트슐러의 부친은 자랴 보스토카(Zarya Vostoka)라는 지역 신문의 편집자로 일했다. 그들 가족은 1931년 알트슐러가 다섯 살이 되던 해 바쿠시로 이사 갔으며, 1990년까지 그곳에서 살다가 러시아 카렐리아 공화국 페트로자포츠크(Karelia Petrozavodsk)로 다시 이사해 그곳에서 부친은 생을 마감했다.

알트슐러는 고등학교를 우등으로 졸업 후 아제르바이잔 산업연구소 대학에 입학하였다. 1944년 2월 석유공학과를 졸업하고 구 소련군 보병 연대로 입대하였고 공군 학교로 보내졌다. 알트슐러가 공군 학교를 졸업할 즈음에 제2차 세계대전이 끝났다. 그는 바쿠에 있는 카스피안해 해군 부대(Caspian Sea Military Navy)로 가고 싶어 했고, 마침내 그 곳 에서 특허 부서 소속으로 근무하게 되었다.

1943년 11월 9일 알트슐러는 고등학교 친구인 라파엘 샤피로(R. Shapiro)와 이고르 탈리안스키(Igor Talyansky)와 함께 "화학 카트리지가 있는 호흡장치"에 대한 그들의 첫번째 발명품에 대하여 특허 출원을 신청하고 최초 저작권 증명서를 받았다. 특히 친했던 샤피로는 알트슐러와 함께 공동으로 발명 수십 건과 다수의 저작권 인증서를 받았다.

1946년부터 특허 관련 일을 하던 알트슐러는 기술 시스템에 관한 '문제 해결의 일반 원리'가 존재한다는 가설을 세웠는데 이것은 문제 해결의 역사에서 매우 획기적인 발상이었다. 알트슐러는 가설 설정 후 얼마 지나지 않아 기술과 공학적 모순을 해결하고, 문제를 해결할 수 있는 이론을 세웠다. 그리고 몇 가지 패턴(ex. 슈퍼시스템으로 이행), 원리(ex. Parameter 변환), 효과(ex. 강한 산화제) 등을 찾아냈다. 그러나 이때까지 문제를 단계적으로 풀기 위한 알고리즘은 존재하지 않았다.

1948년 알트슐러는 친구인 사피로(R. Shapiro)와 함께 구 소련의 최고 지도자인 이오시프 비사리오노비치 스탈린(Ио́сиф Виссарио́нович Ста́лин)에게 편지를 썼다. 그 편지에는 소련에서 과학적인 발명이 제대로 이뤄지지 않고 있음을 비평하고 소련 내에서 발명 작업을 향상할 수 있는 내용이 적혀 있었다. 소련을 비난하는 편지를 받은 스탈린은 이를 매우 괘씸하게 생각하였고, 그 결과 알트슐러는 1950년 체포되어 25년 형을 구형 받아 수감 생활을 하게 되었다. 알트슐러는 1954년까지 바르쿠타(Vorkuta)에 위치해 있는 강제노동수용소 굴라크(Гулаг)에서 4년간 수감 생활을 했다. 이로 인해 알트슐러는 모친이 다시는 아들을 볼 수 없다는 절망감에 자살하게 되는 큰 불행을 가슴에 안게 되었다.

알트슐러는 1952년 겨울부터 1953년까지 수감 중 당시 수용소에 수감된 과학자, 법률가, 건축가등 수많은 지식인들에게 자신의 이론을 설명하고 그들과 토의하면서 트리즈 이론에 대한 정교화 작업을 했다.

알트슐러는 1953년 3월 스탈린이 사망한 후인 1954년 수용소에서 석방되어 바쿠(Baku)로 돌아왔고, 1956년에 그의 친구 사피로와 함께 바프로시 씨홀로기(Voprosy psihologii : 심리학 문제)지에 최초의 트리즈 논문을 발표했다. 이 논문에는 트리즈의 기본 개념인 진화의 법칙, 기술적 모순, 다기능 등이 수록되어 있다. 또한 논문에는 단계별로 문제를 해결하는 알고리즘도 있었는데 이것은 나중에 ARIZ-56으로 명명되었다.

알트슐러는 1956년 교사였던 발렌티나 주라블료바(Valentina Zhuravlyova)와 결혼했다. 1957년부터 1959년까지 알트슐러는 아제르바이잔(Azerbaijan)에 있는 건설산업을 위한 세미나에 초빙되었으며, 이 세미나에서의 작업 결과 ARIZ-59 가 만들어 졌고, 최종 이상해 Ideal Final Result(IFR) 개념이 만들어 졌다. 그리고 1961년 최초의 트리즈 도서인 "How to learn to invent - 발명을 배우는 방법"이 발간되었다. 이 책에서 알트슐러는 '발명가는 타고 나야 한다'는 일반적인 견해를 비판한 바 있다. 이 책은 1972년 일본에서 일본어로 번역 출판되었는데, 이는 구 소련 외의 국가에서 발간된 최초의 트리즈 서적이 되었다.

알트슐러는 그의 이론을 인정받고자 구 소련의 최상위 특허 기구(VOIR - All Union Society of Inventors and Innovators)에 수백 통의 편지를 썼으며, 9년째 되던 해인 1968년에 끝내 답장을 받고 발명 방법론에 대한 첫 번째 세미나를 조지아(Georgia)의 드신테리(Dsintary)에서 개최하였다.

1968년까지 알트슐러는 개인적으로 많은 이들에게 트리즈를 가르쳤었다. 1968년부터 상황이 변하면서 트리즈 연구팀이 만들어졌으며 나아가 최초의 비공식 트리즈 연구소와 학교가 설립되었다. 이것이 계속 이어져 1970년대 중반에는 구 소련 내 80개 도시에 100개의 트리즈 학교가 만들어졌다.

1964년에 알트슐러는 최초의 기술모순표를 만들었으며 1968년에는 35개의 발명 원리를 공표하였다. 이후 1971년까지 5개의 원리가 추가되어 40가지 발명 원리가 되었고, 기술모순표가 완성되었다. 1969년에 알트슐러는 "Algorithm of Inventing - 발명 알고리즘"이라는 새로운 책을 출간했다.

알트슐러는 1970년대 초부터 기술적 모순에 숨어있는 물리적 모순에 대한 분석을 시작했다. 이 때 물리적 효과(Physical Effects)와 물질-장 분석(Substance - Field - Analysis)이 추가되었으며 1973년 알트슐러는 물질-장 공식으로 문제를 기술하는 것을 찾아냈다.

1975년에 ARIZ-75가, 2년 뒤인 1977년에는 ARIZ-77이 발표되었다.

1970년대에 알트슐러는 발명 문제의 표준해(Standard Solution)를 개발하기 시작했다. 1977년에 처음으로 10개의 표준해가 만들어졌고, 1985년에는 76개로 증가했다. 1979년에는 새로운 책 "Creativity as an Exact Science - 정확한 과학으로서의 창조성"이 출간되었다.

1986년에는 어린 아이들을 위한 "On TRIZ- How to Find Idea - 트리즈 - 아이디어를 찾는 법"이란 책을 출판되었다.

알트슐러는 1974년부터 12년간 아이들을 위한 잡지인 파이오네르스카야 프라브다(Pionerskaja Pravda : 공산당 아이들)에 다수의 논문을 투고했다. 이 때 단편적 이론과 예제가 50번 게재되었고, 알트슐러는 아이들로부터 19만통이 넘는 편지를 받았다. 이것을 기초로 1984년에 "And Suddenly the Inventor Appeared - 그리고 갑자기 발명가가 나타났다"가 출판되었다. 알트슐러는 "알토프 H. Altov."란 필명으로 공상과학 소설(Science Fiction)도 썼다. 창조적 상상력 개발은 알트슐러의 핵심 업적으로 창의적 상상기법, 크기-시간-비용 연산자, 심리적 장벽, 영리한 작은 사람들(Smart Little People) 모형론 등이 소개된다.

1985년에 알트슐러는 ARIZ-85와 표준해 76을 발표하면서 그의 작업을 마쳤으며, 이 것은 1999년 영어로 번역되었다.

1974년에 구 소련의 물리학자 유리 고린(Yuri Gorin)은 발명 문제를 해결하기 위해 물리적 효과(Physical Effects)와 현상(Phenomena)에 대한 전문 색인(Index)을 만들었다. 이 색인에는 각 효과나 현상에 대한 발명 응용 예와 함께 수백 개의 효과에 관한 정보가 포함되었다.

1980년대에 화학적 효과(Chemical Effects)에 대한 몇 개 색인이 미하일로프(Michailov)와 살라마토프(Salamatov)에 의해 만들어졌다. 그리고 기하학적 효과(Geometrical Effects)의 색인은 이고르 비켄티에프(Igor Vikentyev)에 의해 만들어졌다.

1986년 이후 알트슐러는 창조성에 대한 연구를 시작해 "Life Strategy of the Creative Person - 창의적 인간의 삶 전략"을 출간했으며, 이고르 베르트킨(Igor Vertkin)과 함께 "How to Become a Genius - 천재가 되는 방법" 이라는 책을 출간했다.

1989년에 러시아 트리즈협회 MATRIZ가 설립되었고 알트슐러가 초대회장으로 추대되었다.

1998년에 알트슐러는 트리즈 발전에 기여가 크다고 생각하는 65명의 명단이 수록된 "TRIZ Masters - 트리즈 마스터들"을 발표했다. 참고로 이것에 관해서 마스터에 들지 못한 초기 멤버인 카라식 박사(Y. B. Karasik)가 자신의 기억을 토대로 선정기준에 이의를 제기하고 있다.

<그림 1.1> 알트슐러와 그의 무덤

알트슐러는 72세인 1998년 9월 24일 카렐리아 페트로자보트스크(Karelia Petrozavodsk)에서 사망했고, 그의 무덤은 아내의 무덤과 함께 러시아 페트로자보트스크(Petrozavodsk)에 있다.

1990년말 이후부터는 니콜라이 하멩코(Nikolai Khomenko), 사이먼 리트빈(Simon Litvin), 보리스 즐로틴(Boris Zlotin) 등의 주도로 현대 트리즈(Modern TRIZ)가 개발되기 시작하였다.

인류 역사에 지대한 영향을 준 유대인 4명을 꼽는다면, 영적인 삶에서는 예수(ישוע), 경제사회구조에서는 카를 마르크스(Karl Marx), 근대과학에서는 알베르트 아인슈타인(Albert Einstein, 지식사(知識史)에서는 알트슐러를 생각할 수 있다.

트리즈 창시자 알트슐러를 어떻게 평가할 것인가에 대하여 많은 이들의 다양한 관점이 있지만, 지식사에서 알트슐러의 업적은 문제 해결에 관련된 일반 이론(General Theory)이 성립한다는 획기적 발상과 원초적이며 고차원 문제인 모순을 대상으로 문제 해결을 시도한 것이다.

철학의 대가 아리스토텔레스(Ἀριστοτέλης)는 지식을 프로네시스(Phronesis, 실천적 지혜), 테크네(Techne, 기술적 지식), 에피스테메(Epistêmê, 인식력), 누스(Nous, 직관적 이해력), 소피아(Sophia, 현명함)로 분류한다.

테크네와 프로네시스는 실용 지식이며, 에피스테메, 누스, 소피아는 이론 지식이다. 현실에 관한 지식인 테크네와 프로네시스는 문자로 변환되어 점토, 파피루스, 양피지 등 여러 매체에 저장되었다. BC 300년경에 세워진 알렉산드리아 도서관은 양피지 두루마리와 파피루스 문헌을 80만권이나 보존했다고 알려져 있다. 특히 과학혁명 이후에 테크네와 프로네시스는 관련된 지식의 양이나 질이 비약적으로 증가했다. 다만 여기서 생긴 부작용은 환원주의에 의한 지나친 세분화이다. 의료의 경우 전문 지식을 기준으로 신체를 세분하고 있으며 내과 외과 산부인과 등 30개가 넘는 과목으로 분류되어 있고, 내과는 호흡기 내과, 순환기 내과 등 10개가 넘게 세분되어 있다. 이 경우 다른 분야의 지식은 볼 필요도 볼 수도 없다는 한계가 발생한다.

트리즈는 규칙성(Regularity)이라는 개념을 통해 기계공학 문제와 생물학 문제가 동일한 문제이며, 나아가 과학기술 문제와 인문사회 문제가 같은 문제라는 가설을 제시하고 이에 대하여 수천여 건의 사례를 통해 입증하였다. 이는 문제 해결에 있어서 최초로 일반 이론(General Theory)이 성립한다는 것을 보여준 것이다.

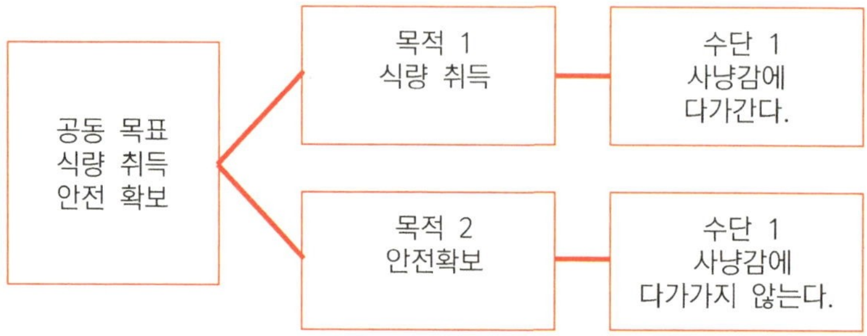

<그림 1.2> 호모 사피엔스의 사냥 시 모순

해결이 어려운 난제이며, 오래 된 문제인 '모순'이라는 것이 있다. 27,000년 전까지 인류(호모 사피엔스)가 가진 모순이 하나 있었다. 인간은 열매나 채소 등의 채식만으로는 식량이 부족하기에 사냥을 해야 했다. 사냥을 하려면 사냥감인 동물에 가까이 다가가 돌도끼나 창으로 찔러야만 한다. 여기서 문제가 생긴다. 인간보다 약한 동물만 사냥하는 것이 아니라 순록, 맘모스, 야생마, 오록스(사슴의 일종, 현재는 멸종), 곰 같은 인간보다 강한 동물도 사냥해야 하는데 이 경우 사냥감이 살기 위해 공격하거나, 반항하면 사냥꾼이 오히려 상처를 입거나 죽을 수 있다. 원시의 야생에서 가벼운 상처라도 입어 파상풍에 걸리면 사망이고, 큰 상처는 당연히 죽음에 이를 위험이 커진다. 다치는 것이 싫으면 사냥감에 다가가지 않으면 된다. 그러면 공격 받을 위험은 줄지만 사냥감을 얻을 확률도 줄어들게 될 것이다. 이 상황을 모순으로 도식화하면 <그림 1.2>와 같다.

이 모순적 상황을 글로 표현하면 다음과 같이 기술할 수 있다.

모순1: 식량 취득을 위해서는(목적1) 사냥감에 다가가야 한다(수단1).

모순2: 안전 확보를 위해서는(목적2) 사냥감에 다가가지 않아야 한다(수단1).

인간은 식량 취득과 안전 확보라는 두 가지 목적이 서로 충돌해 어쩔 수 없는 선택을 해야만 한다. 즉, 위험을 무릅쓰고라도 사냥을 할 것인지, 아니면 안전을 위해 식량을 포기할 것인 지를 선택해야 하고, 사냥감에 다가가야 하고, 사냥감에 다가가지 않아야 하는 이럴 수도 저럴 수도 없는 상황이 발생한다. 이런 상황을 **모순**이라고 한다.

여기서 모순이 생기는 원인은 '공간'이라는 맥락(Context) 때문이다. 사냥을 위한 무기가 닿는 거리와 사냥감이 반격하는 공간(거리)이 중첩되는 전후 사정의 맥락적인 문제가 생긴다.

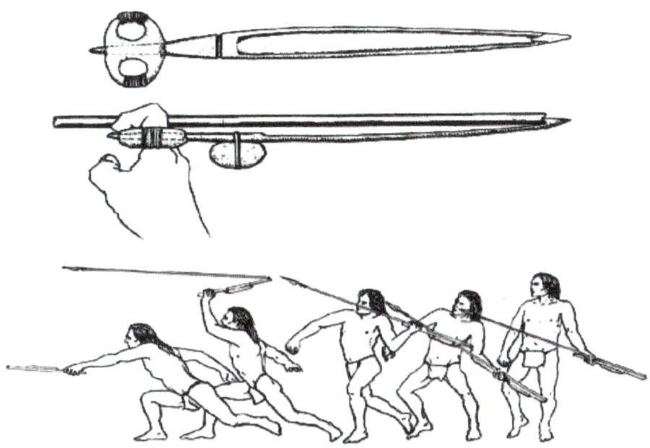

<그림 1.3> 아틀라틀

이러한 모순을 해결한 것이 <그림 1.3>의 아틀라틀(Atlatl)이다. 27,000년쯤 전에 인류는 이것을 발명해 <그림 1.2>의 모순을 해결했다. 아틀라틀을 사용하면 창이나 화살을 약 100 m까지 던질 수 있다. 100 m 떨어진 사냥감이 반격하지 못하는 거리에서 창이나 화살을 동물에 찔러 넣어 식량을 보다 안전하게 취득할 수 있게 된 것이다. 만일 인간이 이러한 모순을 해결하지 못했다면 인류의 근육 힘은 오랑우탄이나 침팬지 같은 유인원보다 약하기에 지금의 번영은 없었을 것이다.

이처럼 인류에게 중요하고 근본적인 문제인 모순에 대해 완벽에 가까운 해결책을 제시하는 것이 **트리즈**이다.

문제 해결자로서 알트슐러는 퀴즈형 문제와 알고리즘형 문제의 해법인 휴리스틱(Heuristics)을 만든 알렉산드리아의 파푸스(Πάππος ὁ Ἀλεξανδρεύς, BC. 290 - BC. 350), 욕망형 문제의 고타마 싯다르타(सिद्धार्थ गौतम), 갈등형 문제의 손무(孫武, BC 545~BC470)와 함께 4대 현인이라고 할 수 있다.

<표 1.1> 문제의 종류

논리형				감정형	
추리형	창조형	알고리즘	추정형	욕망형	갈등형
Heuristic - 시행착오	1개의 문제에 대해서 다수의 해결책	정보의 순서	정해져 있지만 알수 없는	자신의 능력을 넘는 욕망	갑을 관계

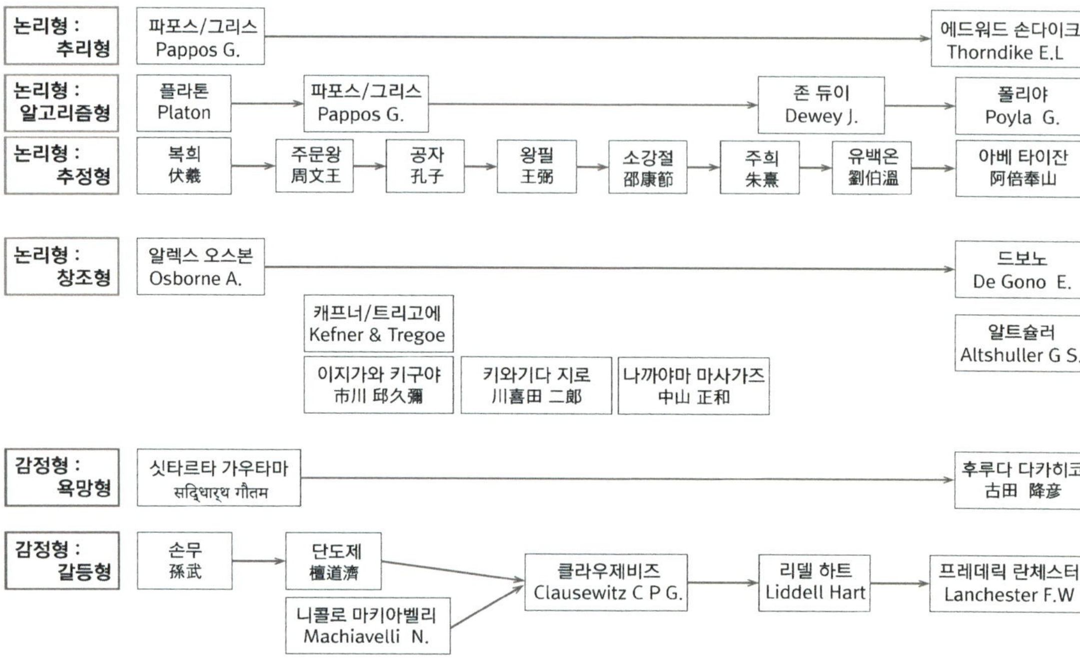

<그림 1.4> 문제의 종류와 기여자

트리즈는 두 가지 이유로 창조형 문제 지식의 최고봉이다.

첫째, 난제(難題- Hard nut to crack)인 모순 문제를 다루고 있다.
난제는 다음 4가지 유형이 있다.

① 인과관계나 알고리즘을 알 수 없다.

② 익숙하지 않다.

③ 출구가 보이지 않는다.

④ 이럴 수도 저럴 수도 없다(모순 문제가 여기에 해당된다).

둘째, 트리즈는 문제 해결만이 아니라 문제의 본질이 무엇인가에 관한 철학적 고찰이 담겨있다. 문제 해결은 중요하지만, 문제가 옳다는 전제가 있을 때만 의미가 있다. 즉, 틀린 문제에 맞는 답은 의미가 없는 것이다. 따라서 문제 해결이 아니라 문제가 무엇인가를 이해하는 것이 본질적으로 중요하다.

트리즈는 모순, 이상성, 자원, 시스템적 사고, 규칙성, 심리적 타성, 기능 등의 개념을 통해 이것을 충족하고 있다.

트리즈 이전에 창조형 문제의 해법은 파푸스가 고안한 휴리스틱은 시행착오(Trial and Error)와 직관과 상상에 기초를 두고 있다.

하지만 트리즈는 다음 사상에 기초를 두고 있다.

1) 발명은 기술적인 모순을 극복하기 위해서 디자인 되어진다.
2) 모순은 기술 시스템 내에 있는 개개 요소의 부조화가 커지기 때문에 발생한다.

그리고 알트슐러는 다음 해법을 제시한다.

(1) 문제 해결책의 핵심은 시스템에서의 모순을 발견하고 제거하는 것이다.
(2) 절차상의 문제점들을 해결하기 위한 방법과 기법은 중요한 발명을 체계적으로 분석함으로써 개발될 수 있다.
(3) 문제를 해결하기 위한 기법은 기술적 시스템의 발전 법칙으로 보완된다.

이렇게 모순을 중심으로 소크라테스의 변증법을 따르는 2,500년 이상의 역사를 갖는 철학 수준의 해법들이 만들어졌고, 창조형 문제에서 이 수준에 도달한 것은 트리즈가 처음이다.

1.2 트리즈의 기본 틀(Framework)

창의적 사고 과정을 설명하는 것은 쉽지 않다. 직관이나 통찰(Insight)과 같이 번쩍이는 섬광처럼 우리 뇌에 떠오른 지혜나 설명하기 어려운 복합적 사고 과정으로 이해되기도 한다.

알트슐러는 "창의성은 과학이다"라는 책을 저술했는데 이 책에서 그는 여러 가지 혁신적인 문제 해결 사례를 가지고 창의성 사고를 매우 논리적인 단계적(Step by Step) 사고 과정으로 설명하고 있다.

알트슐러는 과학이 자연에서 반복되는 패턴을 연구하여 객관적 법칙을 발견하고 활용하는 학문인 것처럼, 창의성은 혁신적인 문제 해결 과정에 반복되어 사용되는 사고의 패턴을 발견하고 활용하는 사고의 논리라고 주장한다. 나아가 그는 논리적(과학적) 사고 방법을 체계화 시키고 연속적인 사고 과정을 정리하여 "창의적 문제 해결 알고리즘(ARIZ)"을 개발하였다.

트리즈는 논리적 사고과정을 통해 창의적 아이디어를 만드는 사고방법론이다.

알트슐러는 창의적 문제해결 이론은 교육을 통해 배울 수 있고 트리즈를 배우면 누구나 창의적이 될 수 있다고 주장한다. 하지만 알트슐러가 개발한 창의적 문제 해결 알고리즘(ARIZ)는 복잡한 사고 단계로 초보자가 쉽게 이해하기 어려워 그는 서문에 다음과 같은 조언을 하고 있다. "ARIZ는 복잡한 도구로 적어도 80시간 이상 기본적인 TRIZ개념에 대한 공부를 하지 않았다면 활용하지 마세요."

본 책은 초보자들이 트리즈 이론을 이해하고 활용하는 것을 돕기 위해 설계되었다. 따라서 단순화된 알고리즘을 기반으로 복잡하지 않고 쉽게 트리즈 사고 방법을 이용해 문제를 해결하는 창의적 사고를 할 수 있도록 하고 있다.

트리즈의 정의를 다시 한 번 상기해 보자. 트리즈는 '발명적 문제를 해결하는 이론'이다. 러시아어에서 '발명적'이라는 말은 '창의적'이라는 다른 뜻이 있는데, 한국에서는 두 단어를 동시에 사용하고 있다.

한국에서 트리즈는 '창의적 문제를 해결하는 이론'으로 대중에게 잘 알려져 있다.

(사)한국트리즈협회는 1998년부터 연구회 등을 운영하면서 알트슐러가 연구한 트리즈를 더욱 연구하여 한국 상황에 맞도록 지속적으로 발전시켜 왔으며 마침내 고유 모델로 'XY-TRIZ'를 개발하였다.

XY-TRIZ는 트리즈를 활용하는데 있어서 핵심내용을 X와 Y라고 한다. X는 해결하고자 하는 문제요소이고, Y는 이상적인 답이다.

트리즈의 문제 해결 과정과 목적은 다음의 네 가지로 구분할 수 있다.

① X를 알고 Y를 찾아가는 경우(문제를 알고 답을 찾는 경우)

② Y를 알고 X를 찾아가는 경우(답을 알고 문제를 찾는 경우)

③ X와 Y를 둘 다 모르는 경우(문제와 답 둘 다 모르는 경우)

④ X와 Y를 둘 다 아는 경우(문제와 답 둘 다 아는 경우)

트리즈를 활용하는 사람들은 위의 네 가지 모두에 관심이 많은데, 트리즈 전문가들 사이에는 위의 네 가지 중에 선호하는 활동의 차이가 있다.

일반적으로는 문제를 알고 답을 찾는 경우가 많다. 이를 일반적으로 문제 해결 과정이라고 한다. 좀 더 어려운 경우가 답을 알고 문제를 찾아가는 경우이다. 이를 신제품 개발의 과정이라고 하고 있다. 트리즈의 실전적 사례 중에서 신제품개발 사례는 생각보다 많지 않다. 그것은 트리즈 전문가들은 문제 해결을 주로 하고 신제품개발을 전문으로 하는 사람들이 부족하기 때문일 것이다.

그 다음 문제도 모르고 답도 모르는 경우는 미지의 세계이다. 이것은 주로 과학의 영역으로 알려져 있다. 과학은 이전에 없는 것을 만들어내는 발명과 달리 이전에도 존재하고 있었지만 발견되지 않은 것을 발견하는 것이다.

마지막으로 문제도 알고 답도 아는 경우이다. 이것은 주로 심리학 또는 경제학의 영역으로 알려져 있다. 문제도 알고 답도 아는데 사람들이 싫어하는 경우가 심리학의 영역이고, 문제도 알고 답도 아는데 돈이 없어서 못하면 경제학의 영역이다.

XY-TRIZ에서는 트리즈의 원리 중 차원의 변화를 적용하여 문제를 특수문제와 개념문제로 구분하였다. 해결도 개념해와 특수해로 구분하였다. 특수문제와 특수해는 현실세계에서 나타나는 상황을 기술한 것이다. 실제적인 상황에서 누구나 인지할 수 있는 상황이다. 일반문제와 일반해는 개념적 상황으로 개념세계에서 나타나는 상황을 기술한 것이다. 개념의 세계는 어떤 사람은 인지하고, 어떤 사람은 인지하기 어려운 상황이다.

<표 1.2> XY-TRIZ의 특징을 나타내는 Matrix

개념의 세계 ↕ 현실의 세계	문제의 세계	해결의 세계
개념의 세계	개념문제	개념해
현실의 세계	특수문제	특수해

① 특수문제 : 특정제품/서비스나 사회현상에서 나타나는 문제

② 개념문제 : 특수문제를 연구하여 찾아낸 문제의 패턴

③ 개념해 : 특수해를 연구하여 찾아낸 해결의 패턴

④ 특수해 : 특정제품/서비스나 사회현상에서 나타나는 해결

현실의 세계에 대해서는 누구나 인식하고 있으나, 개념의 세계에 대해서는 사람들마다 인식의 정도가 다르다. 그래서 사람들의 인식의 정도를 높이기 위해 이상성을 도입하여 다음의 XY-TRIZ 모델을 개발하였다.

이상세계는 트리즈에서는 IFR(Ideal Final Result)로 표현한다. 이상성의 궁극적 목적은 세상에 존재하는 제품/서비스가 존재하지 않으면서 당초의 제품/서비스가 갖는 목적을 달성하는 것으로 설명한다. 예로, 자동차의 기능은 이동과 수납이 주목적이다.

이상적인 자동차의 모습은 '사람이나 물건을 태우고 스스로 이동하고 도착지에 도착하면 자동차는 사라지는 것이다.' 그러면 자동차와 관련된 다양한 문제는 없어진다. 구글이나 테슬라 등에서 자율주행차를 개발하고 있고 현재 고속도로에서는 자율주행이 가능한 수준으로 개발되었다.

트리즈 전문가는 항상 이상성을 꿈꾸며 현실세계의 문제를 해결하는 사람들이다. XY-TRIZ는 현실세계, 개념세계를 연결하는 다 차원적인 모델이다. 현실세계와 개념세계를 연결하기 위해서는 이상성의 인식이 필요하다. 이상성을 인식할 수 있도록 트리즈에서는 다양한 상상력의 기법을 제공한다.

이렇게 개발된 XY-TRIZ의 모델은 다음과 같다.

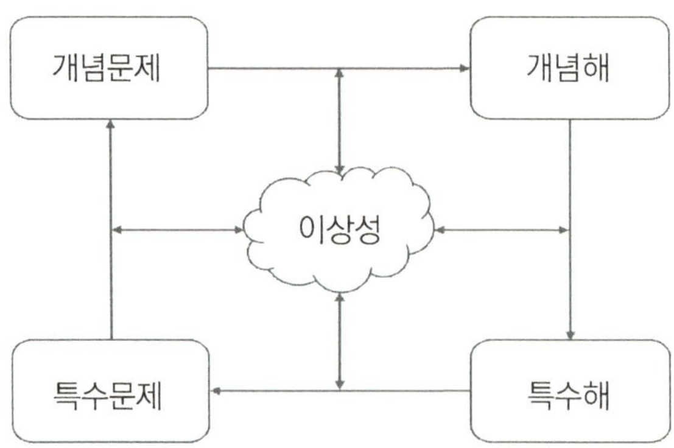

<그림 1.5> XY-TRIZ 모델

XY-TRIZ 모델의 개발 배경은 충분히 이해했을 것으로 생각한다. 이제 이 모델을 실전에서 사용하도록 그 단계와 사용 기법을 제공하고자 하며 다음 그림과 같이 XY-TRIZ 모델을 현실적으로 적용한 XY-TRIZ 모델의 단계적 프레임웍(Framework)을 제시한다.

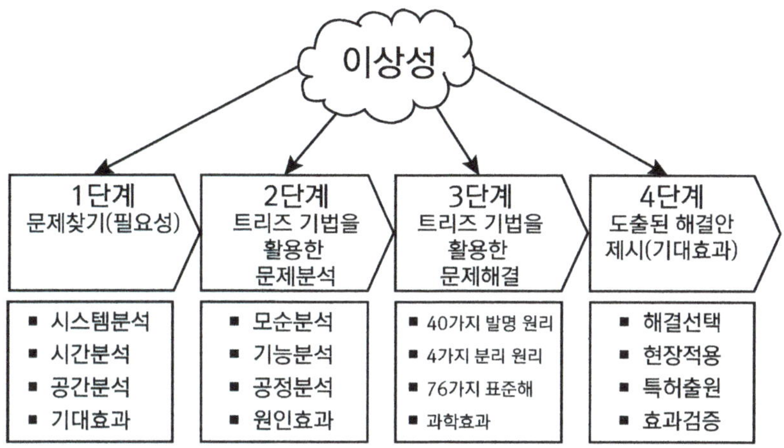

<그림 1.6> XY-TRIZ 단계

XY-TRIZ 모델에서 구성요소는 특수문제, 개념문제, 개념해, 특수해, 이상성의 5개이다. 이 다섯 가지 구성요소를 가장 많이 사용하는 순서로 절차화하여 4단계로 구분하였다.

① 1단계 문제 찾기(필요성) : 특수문제는 현장의 상황을 반영하여 무엇이, 어디서, 왜 발생했는지를 확인하는 것이다. 트리즈 1수준에서는 시스템 분석을 중심으로 학습한다.

② 2단계 트리즈 기법을 활용한 문제 분석 : 특수문제를 개념문제로 전환하는 것이다. 이때 추상화/개념화 사고가 필요하다. 알트슐러는 공학(Engineering) 분야의 문제를 일반화하여 39개 파라미터로 제시한 바 있다. 문제를 체계적으로 분석하기 위해서는 시스템적 사고(9 Windows)를 활용한다. 그러면 시스템이 가지고 있는 자원을 확인할 수 있고 이상적인 목표를 정하는데도 도움이 된다. 이상적인 목표를 정하면서 모순이 발생되는데, 그 모순을 해결하는 것이 트리즈의 차별화된 영역이라고 할 수 있다. 트리즈 1수준에서는 모순 분석을 중심으로 학습한다.

③ 3단계 트리즈 기법을 활용한 문제 해결 찾기 : 개념문제를 개념해로 답을 찾을 수 있도록 알트슐러는 40가지 발명 원리를 제시한 바 있다. 40가지 발명 원리는 가치 있는 특허에서 추출된 해결 패턴을 모아놓은 것으로 학습하는 데는 효과가 매우 크다. 그러나 특수문제를 바로 개념해로 변환하는 데는 어려움이 따른다. 일부의 사람들은 특수문제를 개념해로 해결하려고 하니 어려움이 따른다고 한다. 특수문제를

개념문제로 전환하는 것이 핵심이슈이다. 트리즈 1수준에서는 기술적 모순해결을 위한 40가지 발명 원리와 물리적 모순해결을 위한 4가지 분리 원리를 중심으로 학습힌다.

④ 4단계 도출된 해결안 제시(기대효과) : 개념해를 특수해로 전환하는 단계이다. 이때 응용/유추적 사고가 필요하다. 알트슐러는 응용/유추적 사고를 통해 다양한 트리즈 기법을 개발하였다. 40가지 발명 원리, 76가지 표준해, 자원, 과학효과 등의 개념해 원리들을 현실적인 상황에 적용하는 것이다. 트리즈 1수준에서는 해결 선택을 중심으로 학습한다. 일반적으로 특수해의 단계에서는 트리즈 전문가가 관여하지 않고 현장에서 직접 수행하는 것이 바람직하다.

⑤ 연결 단계(이상성) : 이상성은 문제세계와 해결세계 그리고 현실세계와 개념세계를 연결하는 다리의 역할을 한다. 따라서 이 단계는 각 단계에 모두 적용되므로 특별히 한 단계로 정하기보다 전체적인 것을 포괄하는 단계로 생각하고, 실제 해결과정에서는 다른 단계로 분산하여 적용해도 된다. 궁극적 목적을 이상적으로 생각할 수 있도록 이상적 결과(IFR, Ideal Final Result), STC(Space, Time, Cost), 연산자(Operator), SLP(Small Little People) 등의 트리즈 기법으로 상상력을 통해 사고의 전환을 이루는 단계이다. 트리즈 1수준에서는 IFR과 자원 활용을 중심으로 학습한다.

1단계 문제 찾기에서 현실적인 문제상황을 파악하고 바로 해결안 제시로 적용하려고 시도하는 사람들이 있을 것이다. 이러한 경우에는 시행착오(Trial & Error)를 거치게 된다. 물론 탁월한 천재가 있어서 문제 찾기에서 바로 해결안을 제시하는 능력 있는 사람이거나, 이미 답이 존재하는 문제라면 시행착오 없이 문제를 해결할 수 있다. 그러나 대부분의 사람들은 시행착오를 수십 번 아니 수백 번을 시도해도 해결안을 찾기가 어려운 것이 현실이다. 그래서 알트슐러는 계단을 올라갈 때 한번에 다섯 칸씩 갈 수 없기 때문에 한 번에 한 칸씩 순서대로 올라간다면 누구나 손쉽게 계단을 오를 수 있다고 설명한다.

이 책에서는 XY-TRIZ를 기반으로 4단계의 문제 해결 과정을 독자가 직접 실습할 수 있도록 단계별 문제 해결 양식을 부록에서 제공하였다. 본 양식은 (사)한국트리즈협회에서 매년 실시하는 〈전국 트리즈 창의문제해결사례 경진대회〉 양식이다. 이 책을 읽고 문제 해결에 자신이 생긴다면 〈전국 트리즈 창의문제해결사례 경진대회〉에 참가할 수 있다. 〈전국 트리즈 창의문제해결사례 경진대회〉는 기업을 대상으로 하는 일반부와 학교를 대상으로 하는 학생부가 있다.

Chapter 2.
발명과 창의성

2.1 발명 문제와 해결책
2.2 발명의 수준
2.3 규칙성(Regularity)
2.4 심리적 타성(Psychological Inertia)

2.1 발명 문제와 해결책

발명(Invention)이란 이전에 없던 새로운 것을 만들어 내는 것이다.

트리즈는 과거의 획기적인 발명이나 유망한 해결책인 특허 자료의 광범위한 분석을 통해 숨겨진 발명의 패턴과 모순 해결의 과정을 이해하고 분석해 이론적으로 정리해 냄으로써 누구나 체계적이고 창의적인 발명할 수 있도록 한다.

트리즈의 기본 개념은 알트슐러가 수많은 특허 중 골라 낸 20만 건에서 4만 건의 특허 분석을 통해 발견한 <표 2.1>의 4가지 기본 개념과 4가지 기본 요소를 기초로 하며 이를 토대로 누구든지 쉽게 활용할 수 있는 발명 문제 해결의 이론적 도구로 발전해 왔다.

발명 문제와 해결책이란 발명적 문제와 그 해결에 대하여 정의한 것이다.

발명 문제(Inventive Problem)란 한 개 이상의 기술적 모순을 가지고 있으며 그에 대하여 알려진 것이 없는 문제 또는 과제로 정의된다.

발명 문제 해결책(Inventive Solution)이란 어떠한 타협이나 절충(Trade-Off) 없이 근본적으로 해결한 해결책으로 정의된다.

알트슐러는 발명의 수준을 1수준에서 5수준까지 분류하여 설명하였다.

기술시스템 진화의 법칙은 기술시스템이 사회시스템처럼 변증법을 따라 진화한다는 것이다.

발명의 규칙성은 시공간과 주제를 넘어 발명 문제의 종류와 해법이 공유된다는 것이다.

그리고 이상성, 모순, 자원, 시스템 접근이라는 요소를 가지고 있다.

<표 2.1> 트리즈 4가지 기본 개념과 4가지 기본 요소

4가지 기본 개념	① 발명 문제와 해결책에 대한 정의 ② 발명의 수준 ③ 기술시스템 진화의 법칙 ④ 발명의 규칙성
4가지 기본 요소	① 이상성(Ideality) : 단순함의 추구, 이상성을 높이는 3가지 기술 및 6가지 방법 ② 모순(Contradiction) : 상호 Win-Win 달성, 40가지 발명 원리, 39가지 모순 매트릭스, 4가지 분리 원리, 유추적 사고 ③ 자원(Resource) : M_A_T_C_H_E_M, 물질-장(S-Field), 과학기술효과(Scientific Effects).

4가지 기본 요소	④ 시스템 접근(System Approach) : 정확한 문제의 선별, 정확한 방향의 선정, 시간과 자원의 절약, 물질-장, 76가지 표준해(Classe1-5, 4가지 적용 Step), 8가지 기술진화의 법칙, 9 Windows, ARIZ(56년 개발, 용어는 65년 처음 사용, 68, 71, 77, 82, 85), DE(8가지 기술진화 법칙, 350개 발전 패턴 활용해 RWB S/W로 예측)

우리가 학교나 일상생활 속에서 많이 접하는 문제로 논리적인 문제(퀴즈형/폐쇄형)와 창조적인 문제(창조형/개방형)가 있다.

논리적인 문제(Logical Problem)는 한 개의 문제에 대하여 정해진 답이 있는 문제를 말한다. 논리적 문제의 예로 근세조선의 건국은 몇 년인가에 대해 답은 1392년으로 또 다른 답은 없다. 또는 화학 결합의 종류는 무엇인가라는 문제에 공유 결합, 금속 결합, 배위 결합, 이온 결합 4개라는 답에 대해 또 다른 답이 없는 것도 논리적 문제이다. 한 마디로 한 가지 문제에 대하여 한 가지 답만 존재하는 그리고 이에 대하여 이의를 제기할 수 없는 다른 생각이나 사고가 전혀 끼어 들어갈 여지가 없는 폐쇄적인 문제(Closed Problem)라고 할 수 있다.

창조적인 문제(Inventive Problem)는 한 개의 문제에 대하여 수많은 다양한 답이 제시될 수 있는 문제로 각각의 답에 대하여 이의를 제기할 수 있으며 따라서 다양한 답 중에서 가장 적합한 답을 선별해야 하는 문제를 말한다. 이러한 창의적인 문제에 대하여 최적의 답을 선별하려면 합당한 기준이 있어야 할 것이다. 창의적 문제의 예로, 아름답다는 것은 무엇인가? 라는 질문에 대한 답은 무엇인가? 정답은 없을 것이다. 왜냐하면 아름답다고 하는 판단기준이 사람마다 다를 수 있기 때문이다. 어느 나라에서는 코가 긴 사람, 어느 나라에서는 목이 긴 사람 등등 나라마다 사람마다 그 판단기준이 다르기 때문이다. 이러한 문제는 상황에 따른 기준 설정이 요구된다. 다시 말해서 상황에 따라 다양한 생각이나 사고가 개입될 수 있는 개방적인 문제(Ope Problem)라 할 수 있다.

2.2 발명의 수준

알트슐러는 발명의 창조적 과정과 수준을 다양한 사례들과 함께 설명하였다.

알트슐러가 설명한 발명의 창조적 수준과 각 과정의 특성은 다음과 같다.

알트슐러는 1965년부터 1969년 사이에 14개 분야의 수많은 발명 분석을 통해 발명에도 각각 나름의 수준이 있음을 발견했으며 이를 5개 수준으로 구분하고 이에 대하여 발명자 인증서 사례와 함께 설명하였다.

1수준은 자명한 것으로 누구나 약간의 노력으로 간단히 해결된 발명의 수준을 말한다.

2수준은 시스템 변경 등 작은 개선의 노력을 통해서 해결된 발명의 수준을 말한다.

3수준은 상당한 시스템 변경 및 창의력을 통해서 해결된 수준의 발명을 말한다.

4수준은 기존 시스템을 완전히 바꿀 정도로 해결된 발명의 수준을 말한다.

5수준은 새로운 발견과 같이 현존하는 과학이나 기술의 범주를 벗어난 수준으로 발명을 넘어 발견(Discovery)의 수준을 말한다.

상기 5가지 수준에 있어서 알트슐러는 1, 2수준 정도의 발명은 진정한 의미의 발명이 아닌 것으로 보았다.

<표 2.2> 발명의 창조적 과정과 수준

수준/과정		과제 선정	탐색 개념 및 선정	자료 수집	아이디어 탐색	아이디어 발견	실제적인 실행
1	다른 사물을 고려하지 않고 기존의 사물을 이용함	기존 과제 활용	기존의 탐색 개념	기존 자료 활용	기존 해결책 활용	준비된 설계 활용	기존 설계대로 활용
2	여러 개의 사물 중 하나를 선택함	여러 과제중 하나 선택	여러 탐색 개념 중 하나 선택	여러 출처로부터 자료 수집	여러 아이디어 중 하나 선택	여러 설계 중 하나 선택	기존 설계를 수정하여 제조
3	선택 된 사물에 대하여 부분적인 변경을 함	원래 과제의 변경	새 과제에 맞도록 탐색 개념 수정	새 과제에 적합한 자료 수집	기존의 해결책 변경	기존 설계 변경	새로운 설계로 제조
4	새로운 사물을 개발하거나 선택된 사물을 완전히 개조함	새로운 과제 발견	새로운 탐색 개념 발견	새 과제에 관련된 자료 수집	새로운 해결택 발견	새로운 설계 개발	새로운 방법을 설계에 이용
5	완전히 새로운 복합 시스템을 개발함	새로운 문제 발견	새로운 방법 발견	새 과제에 관련된 새 자료 수집	새로운 개념(원리) 발견	새로운 건설적 개념 발견	새로운 개념이 실행 되도록 전체 시스템 수정

알트슐러가 설명한 발명의 수준을 좀 더 상세하게 요약 및 정리하면 <표 2.3>과 같다.

<표 2.3> 발명의 수준

수준	내용(특징 및 사례)	비율
1수준	- 문제와 해결책의 수단이 한 영역의 특정 부분 내에 존재함 - 잘 알려져 있으며 용이한 해결 방법, 일상적 경험을 사용함 - 기존의 물체, 시스템 또는 방법에 거의 변화가 없음 - 공학적인 모순(Engineering Contradiction)이 없음 - 문제 해결자가 해당 분야의 단순 지식으로 1~10개 변수만 고려해 해결 방법을 찾아낼 수 있음 예) 발명자 인증서 #157,356 - 비용 절감 및 금속 절약을 가능하게 하는 강도 증가를 위한 내부 골격이 있는 플라스틱으로 만든 압축가스, 액화 가스 등의 저장을 위한 보호덮개	32%
2수준	- 문제와 해결책의 수단이 한 산업의 특정 부분 내에 존재함 - 원래 문제가 속해있는 기술 분야 내에서 개선된 것 - 기존의 물체, 시스템 또는 방법에 약간의 변화가 존재함 - 공학적 모순이 존재하나 타협을 통해 해결책을 찾아냄 - 문제 해결자가 인내심을 갖고 자신의 전공 분야에서 10~100개의 변수를 고려해 해결 방법을 찾아냄 예) 발명자 인증서 #210,662 - 유도 코일 및 도관으로 구성된 유도형 전자기 펌프, 유도 코일이 도관의 축을 따라 움직일 수 있는 새로운 펌프	45%
3수준	- 문제와 해결책의 수단이 한 과학 영역 내에 존재함 - 같은 공학적 기능의 동일한 패러다임 내에서의 해결 방법 - 기존의 물체, 시스템 또는 방법에 상당한 변화가 있음 - 모순(Contradiction)이 존재함 - 문제 해결자가 100~1,000개의 변수를 고려해 인내심과 집중력을 갖고 전문분야 및 전문분야 외의 연구 등을 통해 해결 방법을 찾아냄 예) 발명자 인증서 #256,956 - 섭씨 영하 5도 이하의 온도를 갖는 어떤 기구를 물고기 안에 삽입하여 물고기의 품질을 유지하면서 그 내부기관을 어리는 방법으로 물고기의 내부기관을 제거하기 위한 방법	18%
4수준	- 문제와 해결책의 수단이 그 문제가 시작된 과학의 범주 밖에 존재함 - 같은 공학적 기능을 가지나 패러다임 밖에서의 해결 방법 - 해결 방법은 여전히 동일한 공학적 기능을 제공하며 기존의 물체, 시스템 또는 방법은 완전히 변화됨 - 모순(Engineering Contradiction)이 다수 존재함	4%이하

수준	내용(특징 및 사례)	비율
4수준	- 문제 해결자가 1,000~10,000개의 변수를 고려해야 하며 전공 분야 및 전공 분야 외의 학문 분야 등의 과학적 효과와 현상적 지식을 활용하여 상당한 집중과 인내를 통해 해결 방법을 찾아냄 예) 발명자 인증서 #163,559 - 드릴 내부에 화학 물질 앰플을 미리 삽입하여 드릴이 심하게 마모된 상태를 강한 냄새를 이용하여 알림으로서 관정 등을 굴착 중 지반 굴착 공구의 상태를 제어하기 위한 방법	
5수준	- 문제와 해결책의 수단이 동시대 과학기술의 범주 밖에 존재함 - 현존하는 패러다임이나 과학의 범주를 완전히 벗어난 해결 방법 - 발명이 아닌 우연한 발견의 수준으로 새로운 산업을 창출시킴 - 문제 해결자 또는 팀이 10,000~100,000개의 변수를 조사 연구해야 하며 전공 분야의 학문과 타분야 학문의 통섭적인 지식을 활용해 해결 방법을 찾아냄 - 새로운 이론이나 과학 또는 현상이 알려지며 끝없는 인내심과 집중력이 필요함 예) 발명자 인증서 #70,000 - 전기회로에 연결된 전극이 진동회로에 연결되어 전기 스파크가 방전을 일으키고 전극 재료를 분말형태로 흩어지도록 하는 금속, 합금 등 전도성 재료를 분말 형태로 생산하는 방법	1%이하

알트슐러는 2~4수준의 발명 문제를 트리즈가 접근하기 가장 적합한 것으로 보았다. 이에 반하여 트리즈로 문제를 해결하는 사람들은 1~3수준을 적당한 것으로 보고 있다. 이는 트리즈에 대한 지식과 경험의 수준에 따라 그리고 개인의 역량에 따라 다를 수 있다.

미국 및 일본 등 선진국과 함께 한국의 특허청, 한국발명진흥회, 한국특허정보원 등에서는 등록된 특허의 질적 수준에 대한 정량적, 정성적인 평가를 도모하고자 특허 데이터베이스를 활용하여 분석하는 각종 소프트웨어를 개발하였으며, 다양한 분야에서 활용되고 있다.

한국발명진흥회의 특허 분석 소프트웨어인 SMART 3.1이나 한국특허정보원의 K-PEG 3.0 등이 그러한 것으로 이들을 통해 동일 기술 분야의 전체 특허기술 중에서 확인하고자 하는 대상 기술이 정규분포 상에서 어느 정도의 수준에 위치되어 있는가를 논리적으로 설계된 알고리즘과 축적된 특허 데이터를 활용하여 간단하게 확인할 수 있도록 한다.

2.3 규칙성(Regularity)

규칙성이란 시공간과 주제에 상관없이 공통의 문제 유형이 존재하고 이에 대하여 일반화된 규칙(General Rule)을 적용할 수 있다는 것이다.

알트슐러는 특허를 분석하는 과정에서 화학에서 일어난 문제와 그 해법을 타 분야인 기계나 전기 분야에서도 사용할 수 있다는 것을 알아냈다. 그리고 기술혁신은 이처럼 다른 분야의 지식을 전용할 때 많이 일어난다는 것도 알아냈다.

전혀 상관이 없어 보이는 승용차 완충기와 스피커 문제, 피망 씨 빼기와 다이아몬드 파괴 문제, 수도꼭지와 잉크 제트 프린터 헤드 문제, 플라즈마 디스플레이 패널(PDP, Plasma Display Panel)의 방전 효율과 디젤 엔진의 연소 효율 문제, 예방주사와 골프공의 비거리 향상 문제 등이 같은 문제라는 사고방식이다.

수도꼭지에서 유체저항으로 인해 생기는 평범한 기술문제는 첨단 기술인 잉크 제트 프린터 헤드에도 동일한 원리를 기반으로 적용될 수 있다. 또한 전자 분야의 PDP에서 방전 효율이 낮아 2중 방전 방식으로 해결한 문제 해결 원리는 디젤엔진에서 연소 효율이 낮아 2중 분사 방식으로 해결한 원리와 동일한 것이 된다.

규칙성(Regularity)에 대한 이해를 더욱 높이기 위하여 '골프공 비거리 향상'과 '예방주사'라는 두 개의 사례를 통해 알아보자.

'골프공의 비거리 향상' 이란 문제를 받은 유체역학 기술자 입장이 되어 해결해 보자. 골프란 골프채를 사용하여 정지된 작은 공을 쳐서 멀리 그리고 원하는 방향과 위치로 정확하게 이동시키는 운동이다. 그 중에 하나 멀리 보내는 것, 즉 비거리 향상이 골프의 중요한 평가요소이다.

먼저 문제를 정의해 보면, 골프공이 원하는 만큼 멀리 날 수 없는 것이 문제이다.

문제의 원인을 살펴보자. 골프공은 왜 멀리 날아가지 못하는가? 두 가지가 생각된다. 첫째는 골프채로 치는 힘이 약하다. 둘째, 골프공이 멀리 날아가지 못하도록 공기저항을 받고 있다. 사실 평소에는 잘 느끼지 못하지만 공에 있어서 공기저항은 상당히 큰 힘이다.

예를 들어 탁구공을 공기 중에서 발사하면 시속 70 km를 넘기 힘들지만 동일한 힘으로 진공 중에서 발사하면 시속 1,000 km 이상의 속도가 나온다. 인간의 힘만으로 자전거를 탈 때 선수라고 해도 시속 70 km를 넘기기 어렵다. 하지만 공기저항의 영향을 차단할 경우 최고 속도는 시속 204마일(시속 326 km)로 5배 이상 빨라질 수 있다. 특히 속도가 빨라질수록 공기의 저항은 제곱해서 증가한다. 작은 공기저항이라고 생각하지만 결과에 큰 영향을 미친다.

이 문제의 목적은 무엇인가? 공기저항을 줄여 골프공의 비거리를 늘리기 위한 것이다. 왜냐하면 골프의 규칙이 가능한 적은 타수로 홀에 집어넣는 것이라서 멀리 날아갈수록 타수가 줄어들 확률이 높기 때문이다. 이 목적 달성을 위해 골프 관련 업체들의 비거리 향상을 위한 각종 신제품개발 노력이 지속되고 있다.

이 문제의 유형은 무엇인가? 공기저항을 줄여 '문제 유형 21 유해 요인의 발생'에 해당된다. 공기라는 유해 요인이 저항을 만들어 골프공의 비거리를 줄인다.

이 문제의 해결 수단(방법)은 무엇인가? 지금 이 상황에서는 없다. 찾아야 한다.

이상의 문제 상황을 항목별로 정리하면 <표 2.4>와 같다.

<표 2.4> 골프공의 문제 상황

항목	내용
원인	공기저항
수단(방법)	모름
목적	비거리 향상
유형	유해요인 발생

이 문제를 절차에 따라 해결해 보자.

문제의 원인은 명확하다. 골프공이 멀리 날아가지 못하는 것은 공기 저항을 받기 때문이다.

공기 저항에는 두 가지 종류가 있다. 날아가는 공의 앞 뒤 표면에 작용하는 압력의 차이 때문에 생기는 '형상 저항'과 공기와 공의 마찰로 인해 발생하는 '마찰 저항'이다. 골프공은 형상 저항이 전체 저항의 대부분을 차지하므로 형상 저항을 줄여주면 멀리 날아간다. 공학적으로 유선형으로 만드는 것이 그 수단이다. 하지만 골프라는 운동의 규칙상 공을 정상적인 원형이 아닌 유선형으로 만들 수는 없다. 형상저항이란 무엇인가? 공이 날아갈 때 공기는 공의 표면을 따라 흐르게 된다. 그러나 공의 속도가 커지면 공기의 흐름은 공의 중간쯤부터 표면에서 멀어진다. 공의 중간 이후부터 공기의 속도가 급격하게 떨어지고, 공기 흐름의 방향이 바뀌어 공 뒤쪽의 압력이 떨어진다.

<그림 2.1> 골프공 형상 저항

그러면 공의 앞쪽에는 높은 압력이 나타나고, 뒤쪽에는 낮은 압력이 발생하여 큰 형상 저항이 형성되므로 공은 멀리 갈 수가 없다.

문제의 수단(방법)은 무엇인가? 즉 공기저항을 줄일 수 있는 수단(방법)은 무엇인가?

엔지니어들이 찾아낸 것은 <그림 2.1>의 오른 쪽처럼 골프공의 표면을 울퉁불퉁하게 만들어 공 주위에 미세한 난류(亂流, Turbulent Flow)가 발생하도록 하는 것이다.

이런 난류는 공 표면의 공기가 서로 섞이게 해주기 때문에 공 표면 앞뒤의 압력 차가 줄어들고 공기저항도 작아진다. 따라서 공의 속도가 줄지 않고 멀리 날아갈 수 있다.

그런데 조금 세밀하게 이 문제를 보면 이 해결 수단은 이상하다. 왜냐하면 유체의 흐름에서 난류가 생기면 저항이 늘어난다. <그림 2.1>의 골프공 오른 쪽에 생기는 소용돌이가 난류이다. 그런데도 골프공의 표면을 굴곡을 주어 난류를 발생시켜 난류를 제어한다는 수단을 채택하고 있다.

골프공 제조업체에서 실험 및 공개한 내용에 의하면 공기가 공의 표면을 따라 갈라지면서 공 뒤편에서 진공상태를 형성하고 이 진공상태의 힘이 클수록 뒤로 끌어당기는 힘이 커져 멀리 날아갈 수 없다. 따라서 골프 경기의 규칙 상 직경이 42.67 mm(1.68 inch) 이상인 골프공의 표면에 300~500개, 평균 깊이는 0.175 mm의 작은 돌기인 딤플(Dimple)을 형성시켜 줌으로써 진공의 힘을 줄이고 떠오르는 효과를 극대화하여 딤플이 없는 것보다 약 2배 이상 멀리 날아갈 수 있다고 한다.

두 번째 사례는 세균으로 인한 인간의 질병에 대한 예방 주사이다.

영국의 의사이자 천연두의 대부인 에드워드 제너(Edward Jenner)의 뛰어난 관찰력과 프랑스 생화학자이며 세균학의 아버지로 불리는 루이 파스퇴르(Louis Pasteur)의 과학적 실험에 의해 인간 질병의 다수는 세균에 의한 것으로 밝혀졌다. 다음은 밝혀진 세균에 의해 인간이 질병에 걸리는 것에 대한 해결책이 필요했는데, 여러분은 이미 답을 알고 있겠지만 답을 몰랐던 18세기 의학 기술자라 생각하고 세균에 의해 질병이 걸리는 이 문제를 해결해 보자.

먼저 이 문제의 원인은 무엇인가? 즉 인간이 질병에 왜 걸리는가? 세균이 신체에 침투하고, 인간의 면역력이 그것을 이기지 못해 생긴다.

이 문제의 목적은 무엇인가? 인간이 질병에 걸리지 않게 하는 것이다.

이 문제의 유형은 무엇인가? '문제 유형 21 유해 요인의 발생'이나 "문제 유형 20 강도 부족'에 해당된다.

이 문제의 해결 수단(방법)은 무엇인가? 지금 이 상황에서는 모른다.

이것을 정리하면 <표 2.5>와 같다.

<표 2.5> 예방주사의 문제상황

항목	내용
원인	세균
수단(방법)	모름
목적	인간의 건강
유형	유해 요인 발생, 강도 부족

문제의 원인은 명확하다. 세균이 몸에 침투하여 질병이 생기거나 침투한 세균에 신체의 면역 시스템이 무너져서 질병이 생긴다.

문제의 목적은 무엇인가? 질병에 걸리지 않는 건강한 신체를 만드는 것이다.

문제의 수단(방법)은 무엇인가? 즉 세균이 신체에 들어와도 질병에 걸리지 않도록 하는것이다. 그러면 질병을 치료하는 수단은 무엇인가? 의학기술자들이 찾아낸 것은 '예방 접종'이라는 수단이다. 즉 원인균을 기술적으로 처리하여 독성을 약화시킨 후에 몸에 주입하면, 신체의 면역(Immunity) 시스템이 작용하여 항체를 만들고 그것에 의해 강한 세균이 들어와도 방어하는 방법이다. 이 기술을 사용해 바이러스 백신(MMR, 홍역, 풍진, 경구용 폴리오, 황열), 세균 백신(BCG), 유전자 재조합 백신(경구용 장티푸스), 비활성화 백신(Inactivated Vaccine), 사균 백신 등 수 백여 종류의 예방접종이 만들어졌고 인류를 질병에서 해방시켰다.

그런데 역시 조금 자세히 해결 수단을 보면 앞의 골프공과 마찬가지로 이상하다. 왜냐하면 문제(질병)의 원인이 세균인데 그 세균을 몸에 집어넣어 질병을 막는다는 수단을 채택하고 있기 때문이다.

위의 두 가지 사례에 존재하는 공통점은 무엇인가?

그것은 문제의 원인을 문제의 해결 수단으로 사용하고 있다는 것이다.

<표 2.6> 해법 비교

구분	골프공	예방주사
문제의 원인	난류(거대한)	세균(강한)
해결 수단	난류(미세한)	세균(약한)

이처럼 수많은 문제 간에 규칙성이 존재한다. 규칙성을 봄으로서 기존의 해법을 활용할 수 있고, 따라서 검증되고 신속하게 문제를 해결할 수 있다.

세상에 존재하는 문제의 근본 패턴은 <그림 2.2>와 같다. 수많은 문제가 있지만, 근본은 시간, 공간, 물질, 에너지, 정보의 다섯 가지이다. 이 패턴은 전문 분야와 시공간을 넘어 공통으로 존재하므로 근본문제라고 할 수 있다.

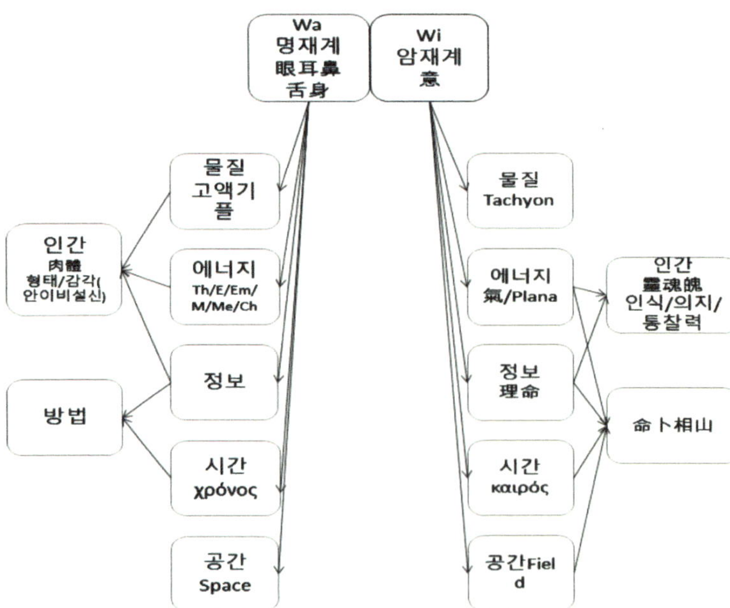

<그림 2.2> 문제의 근본 패턴(규칙성)

2.4 심리적 타성(Psychological Inertia)

심리적 타성(惰性)이라 함은 자신의 지식과 경험을 진리(Truth)라고 믿는 상태를 말한다. 별다른 생각 없이 진리라고 믿기 때문에 사고의 방향을 바꾸지 못한다.

지식과 경험이란 특정한 조건에서의 한정된 지식이다. 즉 조건이 바뀌면 지식도 바뀌어야 하지만 많은 사람들은 자신의 지식을 바꾸지 않고 그것을 옳다고 고집한다. 그래서 틀린 문제에 맞는 답을 내는 3종의 오류(의사가 오진으로 잘못된 처방을 함으로서 생각하지 못한 문제가 발생하는 것처럼 어떤 문제가 발생 시 그 원인을 잘못 진단함으로서 잘못된 해결책을 제시하여 기대하지 않은 효과를 가져오는 것)를 저지른다.

기술혁신에서 심리적 타성에 의한 장애는 매우 크다. 따라서 문제를 개념화 또는 일반화함으로써 심리적 타성을 줄이는 시도가 필요하다.

오랜 기간 문제가 해결되지 않은 상태로 존재한 것은 해결이 어려운 것도 있겠지만 오히려 문제 해결이 용이할 수도 있다. 이는 어떤 편견이나 선입견적인 것으로 인해 문제 해결의 방향을 처음부터 잘못 설정한 것일 수 있기 때문이다. 창의적인 발명가는 불가능하다고 생각하는 것이나 오랜 관습적인 연결 과정을 새로운 관점과 시각으로 격파하도록 해야 한다.

심리적 타성의 예로는, 1959년부터 1976년까지 총 24회의 발사가 진행된 구 소련의 무인 달 탐사계획에서 1970년의 Luna 16호 달 탐사선의 조명 파손으로 인한 프로젝트 지연 사례가 있다.

구 소련에서는 우주 탐사 초기에 달 탐사선을 개발할 때 달에 착륙한 후 목적에 따라 달 표면의 광물 채취를 위하여 조명이 필요했다. 그러나 당초 설계된 조명 기구는 탐사선이 이착륙 시 기계적 진동을 못 견디고 유리와 금속부가 파괴되는 문제가 발생되었다. 충격에 강한 유리를 합성하여 전구를 만들고자 시도하면서 많은 시간을 소비했지만 당시 기술로 제작하기 어려웠다. 이로 인해 달 탐사 프로젝트는 지연되었다. 이러한 문제를 과학자들은 어떻게 해결할 수 있었을까?

답은 아주 간단했다. 달이라는 환경은 진공 상태라 전구 유리가 수행하는 '진공'을 유지하는 기능을 할 필요가 없는 것이다. 즉 전구의 유리를 제거해도 조명으로써의 기능 발현에는 아무 문제가 없다. 결국 유리를 제거한 상태로도 조명의 기능을 수행할 수 있어 탐사선 프로젝트를 계속 추진할 수 있었다.

또 다른 사례가 있다. 미국 나사(NASA)의 우주에서 사용할 볼펜의 개발에 대한 것이다. 1960년대 구 소련과 미국이 우주 경쟁을 할 때 미국 나사에서 무중력 상태인 우주 공간에서 볼펜을 사용할 때 잘 써지지 않는 문제점으로 인해 무중력 상태에서도 정상적으로 사용이 가능한 볼펜을 개발할 필요가 있었다. 미국의 높은 기술력으로 우주에서 사용가능한 이 볼펜 개발 프로젝트는 매우 성공적으로 완료되었다. 하지만 문제는 우주 비행사들이 굳이 볼펜으로 써야 할 필요가 있는가이다. 구 소련의 우주인들은 단순하게 볼펜이 아닌 연필을 사용했다. 나사에서 심혈을 기울여 우주에서 사용 가능한 볼펜을 개발하는데 소요된 투자비는 80만 불이 들었다고 하는데 이는 문제를 정의함에 대한 잘못된 접근으로 볼 수 있는 사례이다.

사람들은 여러 가지 원인과 이유로 심리적인 타성이 생긴다. 습관, 믿음, 문화, 전통, 정책, 법, 기준, 가이드라인, 매뉴얼, 교육, 경험 등등 사람이 성장하면서 배운 교육과 당한 경험 등은 타성을 축적하도록 한다.

창의적인 문제를 해결할 때 심리적 타성은 도움이 되지 못한다. 심리적 타성을 제거하기 위하여 문제 해결자는 그림을 그리거나 별도의 공간을 갖거나 기본적인 규칙을 깨거나 등 상당한 노력이 필요하다. 트리즈는 문제 이해, 정의, 분석 및 해결의 과정에서 심리적 타성을 제거하는데 매우 유용한 도구이다.

ARIZ는 하나 이상의 모순을 포함하고 있는 창의적인 문제에 대하여 기술적인 모순을 발전시켜 물리적 모순으로 전환 및 정의하고 이를 제거 또는 해결하기 위한 문제의 모델링에 초점을 맞춰 사람으로부터 심리적 타성을 제거해 주는 매우 논리적으로 정의된 알고리즘이며 일련의 작업 절차이다.(ARIZ 85C 구성 : 9 Parts, 40 Steps, 11 Rules, 44 Comments, 7 Attentions, 2 Tables(9 Typical Conflicts for problem models, 11 Principles for Physical Contradiction Elimination)

<표 2.7> 기존의 사고 과정과 ARIZ 사고 과정의 특징

기존의 발명 사고 과정	ARIZ(85C)의 사고 과정
문제를 쉽고 간단하게 만들려는 경향	문제를 어렵고 복잡하게 만들려는 경향
비현실적인 것이나 단계를 회피하는 경향	점점 더 비현실적 단계를 따라가는 경향
객체의 가시적 이미지가 명확하지 않고, 객체-모델과 관련 짓는다.	객체의 가시적 이미지가 명확하고, 객체-IFR과 관련 짓는다.
객체의 평면적 이미지	객체의 3차원 이미지 : 단지 객체 그 자체만 아니라 그 하위 시스템과 상위 시스템을 상상한다.
객체의 이미지가 고정된 시간대에 머물러 있다.	객체가 시간대별로 움직이는 과정으로 보인다. : 어제 있었던 것처럼 오늘도 있고 내일도 있을 것이다.

기존의 발명 사고 과정	ARIZ(85C)의 사고 과정
객체의 이미지가 경직되어 있다.	객체의 이미지가 유연하고 시간과 공간의 많은 변화에 개방되어 있다.
기억은 친숙한(약한) 유추를 떠올리게 한다.	기억은 거리가 먼(강력한) 유사물을 떠 올리게 한다. 동시에 정보의 창고는 새로운 정보, 원리 등을 모으면서 쌓이게 된다.
시간이 지남에 따라 전문화의 장벽은 증가한다.	전문화의 장벽이 붕괴된다.
사고 과정에 대한 제어의 정도가 증가하지 않는다.	사고 과정이 좀 더 제어가 가능해진다. 그리고 발명가는 이방인처럼 사고 과정을 쉽게 조절할 수 있으며 사고의 길을 볼 수 있다.

트리즈의 역사를 크게 4단계의 시기로 구분할 수 있다. 알트슐러가 트리즈를 창안하고 발전을 이끌었던 1940년대 중반에서 1980년대 중반의 Classical TRIZ 시기, 구 소련 공산당 서기장인 미하일 세르게예비치 고르바초프(Михаи́л Серге́евич Горбачёв)에 의해 실시한 개혁 정책인 페레스트로이카(перестро́йка perestroika) 시기의 1980년대 중반부터 1990년대 초반까지 트리즈 발전기인 Contemporary TRIZ 1기 시기 그리고 1990년대에서 2010년대까지의 Contemporary TRIZ 2기 시기 그리고 2010년대 이후 현재까지의 Modern TRIZ 시기로 구분할 수 있을 것이다.

Contemporary TRIZ 1기 시기 즉, 1980년대말 구 소련의 붕괴와 함께 트리즈 전문가들이 해외로 진출하면서 미국에서 모인 트리즈 원류 그룹(TRIZ Original Group)은 1992년 Ideation International(II) 사를 설립하였다. II사는 현대적인 트리즈 방법론으로서 IPS(inventive Problem Solving), AFD(Anticipatory Failure Determination), DE(Directed Evolution), IP(Control of Intellectual Property)의 4개 분야를 통합한 I-TRIZ(Ideation TRIZ)를 개발하였다.

I-TRIZ는 구조화된 방법과 다양한 도구를 활용해 심리적 타성을 제거하면서 각종 현장 문제 해결에 도움을 준다. 다음 <그림 2.3>은 I-TRIZ 방법론에 대한 개요를 보여준다.

I-TRIZ에서 개발된 프로그램은 DE, IWB(IPS), AFD(FA), AFD(FP) 등이 있으며, 활용분야를 기초연구, 요소개발, 상품기획, 설계, 생산, 품질보증분야로 구분하였다. 구분된 활용분야별로 프로그램의 관계정도를 매우 높은 관계(◎), 높은 관계(○), 일반적 관계(△), 관계없음(×) 등으로 표현하면 <표 2.8>과 같다.

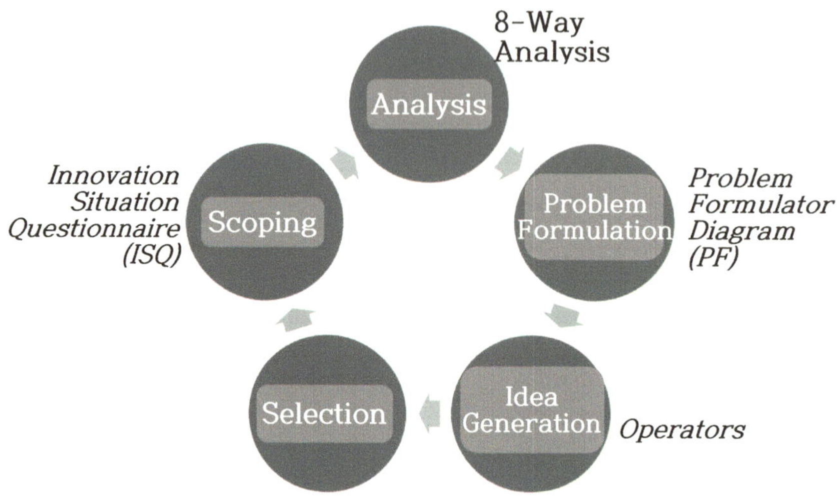

<그림 2.3> I-TRIZ 방법론 개요
참고 : Ron Fulbright, I-TRIZ: Anyone Can Innovate on Demand.

<표 2.8> I-TRIZ

<table>
<tr><td>I-TRIZ Process</td><td colspan="4">◆ 해당 과제/업무/조직의 기본 목표 확인
1. 문제 상황 확인 및 과제 정의 : ISQ
2. 문제 해결책 발견 : 문제 원인 규명
3. 기술적 장애 극복 : AFD(FA : 고장 분석)
4. 리스크, 기회 분석 : (IWB(IPS) - 문제 문서화, 문제 구조화, 혁신 방향 우선순위, 개념 개발, 개념 평가 및 도입 계획 수립
5. 방향 선택 및 결정 : AFD(FP : 고장 예측), DE(시나리오 결정)
6. 해결책의 검증 : 브레인스토밍 등으로 잠재적 고장을 밝히고 예방 방법 검토, 예방 방법의 개념의 적합성 검토 및 실행계획(안) 작성
7. 실행 계획</td></tr>
<tr><td>구분(활용 분야)</td><td>DE</td><td>IWB(IPS)</td><td>AFD(FA)</td><td>AFD(FP)</td></tr>
<tr><td>기초연구</td><td>○</td><td>◎</td><td>○</td><td>△</td></tr>
<tr><td>요소개발</td><td>△</td><td>◎</td><td>○</td><td>○</td></tr>
<tr><td>상품기획</td><td>◎</td><td>△</td><td>△</td><td>○</td></tr>
<tr><td>설계</td><td>×</td><td>◎</td><td>○</td><td>◎</td></tr>
<tr><td>생산</td><td>△</td><td>◎</td><td>○</td><td>◎</td></tr>
<tr><td>품질보증</td><td>×</td><td>×</td><td>◎</td><td>○</td></tr>
</table>

프로그램의 관계정도 : 매우 높은 관계(◎), 높은 관계(○), 일반적 관계(△), 관계 없음(×)

Chapter 3.
시스템적 사고(Systematic Thinking)

3.1 시스템적 사고
3.2 9 윈도우(9 Windows)

3.1 시스템적 사고

트리즈 이론에서 핵심적인 개념 중 하나가 **시스템적 사고**이다.

알트슐러는 발명가들의 문제에 대한 분석에 있어서 문제 자체인 나무만 보는 것이 아니라 숲과 나무의 세포까지도 볼 수 있도록 시간의 관점과 공간적 차원을 고려한 거시적 관점에서의 9가지 사고의 창으로 보아야 한다고 설명하였다.

문제를 창의적으로 해결하기 위하여 문제의 본질을 파악하는데 9가지 사고의 창으로 보는 시스템적 사고의 개념은 매우 유용하다.

알트슐러는 현재 시스템을 중심으로 시간적으로 과거, 미래 그리고 공간과 차원적으로 상위, 하위 시스템으로 각각 구성되는 9개의 관점에서 보고 그들의 상호 관계를 이해하고 연계하는 시스템적 사고의 중요성을 설명한 것이다.

시스템적 사고란 인지의 오류를 막고 사고의 다양성을 확보하기 위해서 문제를 한 가지 관점에서 아니라 다양한 관점(시간, 구조, 반대 등)에서 보는 것을 말한다.

기술은 정적이 아니라 동적이며, 고립적이 아니라 상호 연관적이다. 따라서 기술을 볼 때는 보다 다양한 시각이 요구된다. 문제는 수용자가 처한 상태(예를 들면, 목적, 위치, 공간, 시간, 지식의 수준, 관심 주제, 입장 등)에 따라 다르게 인식된다는 것이다. 그래서 부분에서는 이익인 것이 전체로는 손해가 발생하며, 나에게는 이익인 것이 타인에게는 손해가 발생하는 일이 생긴다. 우리가 옳다고 생각하는 해답이 다른 사람에게는 틀린 답이 되어 기각되거나 인지의 오류가 생긴다. 이것을 시스템 사고를 통해 다양하게 봄으로서 문제 해결의 효과를 향상하는 것이다.

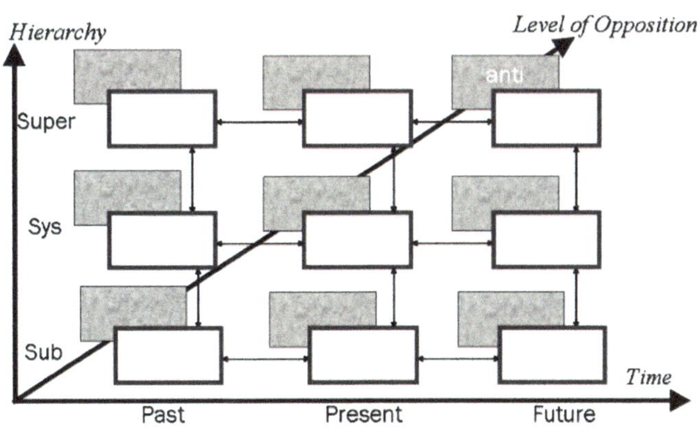

<그림 3.1> 시스템적 사고 개념도(니콜라이 하멩코N. Khomenko)

3.2 9 윈도우(9 Windows)

기존 시스템을 개선하거나 새로운 시스템을 개발할 경우 무의식 중에 이미 잘 알고 있는 방법과 절차를 적용하게 됨으로써 혁신적인 결과를 얻지 못하게 되는 경우가 많다. 이러한 심리적 타성(Psychological Inertia)을 극복할 필요가 있는데 이를 위해서 사용하는 방법들이 다양하게 제시되고 있다.

TRIZ에서 발명가들의 심리적 타성을 극복하기 위해서 사용하는 도구는 여러 가지가 있다. 이 중 알트슐러가 "재능적 사고의 스크린"이라고 불렀던 다차원 사고법으로 시간-공간 사고법, 시스템 연산자(System Operator), 멀티 윈도우(Multi-Window), 멀티 스크린(Multi-Screen), 멀티 스크린 분석(Multi-Screen Analysis), 폴리 스크린 접근(Poly-Screen Approach) 등 여러 가지 명칭으로 불리는 9 윈도우가 있다.

9 윈도우는 창의적 사고를 하기 위해서 어떤 시스템적 접근을 시도할 때, 각 시스템을 하나의 공간적 구역으로 본다. 즉, 상위 시스템 구역, 현재 시스템 구역, 하위 시스템 구역 그리고 이에 따른 시간적 구역으로 과거, 현재, 미래의 세 가지 경우, 총 9 개의 영역으로 구분하여 넓은 시각으로 살펴보는 것이다.

<표 3.1> 시스템적 사고의 9 윈도우 프레임

<table>
<tr><td rowspan="3">시스템
(공간)</td><td>상위 시스템</td><td></td><td></td><td></td></tr>
<tr><td>현재 시스템</td><td></td><td></td><td></td></tr>
<tr><td>하위 시스템</td><td></td><td></td><td></td></tr>
<tr><td colspan="2" rowspan="2">구분</td><td>과거</td><td>현재</td><td>미래</td></tr>
<tr><td colspan="3">(시간)</td></tr>
</table>

참고로, 여기서 사용하는 용어는 다음과 같다.

- **상위 시스템(Super System)** : 시스템이 속하는 시스템 주변이나 환경
- **현재 시스템(System)** : 현재 해결해야 할 문제 또는 제품(또는 공정)
- **하위 시스템(Sub System)** : 시스템을 구성하는 요소 또는 부수 공정(Sub-Process)

시스템, 하위시스템 및 상위시스템 및 시간에 대한 이해를 돕기 위하여 <표 3.2>와 같은 몇 가지 사례를 인용하여 보여주고자 한다.

<표 3.2> 시스템의 개념 이해 사례
(Ellen Domb, Evaluate and Solve – Your Problem through 9 Windows)

구분	사례 1	사례 2	사례 3	사례 4
하위시스템	Equipment Doctor Nurse Records	Pages Words Concepts Pictures	Engine Brakes Seats Paint	Cars Trucks Busses Roads
시스템 (현 문제상황)	Doctor's Office	Book	Car	Transportation
상위시스템	Healthcare	Bookstore Online Bookstore	Transportation Society	Transportation Society

Past : If I could travel back in time and do something to prevent this problem, what would it be?
Present : If I could do something different right now so that this problem wouldn't be happening, what would it be?
Future : The problem is happening, and I wasn't able to prevent it. How can I fix it?

일반적으로 시스템에 문제가 발생 시, 대체로 문제 자체, 특히 시스템 자체에 초점을 맞추는 것이 보통이다. 잘 알고 있는 것처럼 시스템은 두 개 이상의 요소로 구성되며 독립적으로 격리되어 존재하는 것이 아니다.

공간적으로 시스템은 거시적인 관점에서 상위 시스템의 일부분인 동시에 미시적인 관점에서 현재 시스템을 구성하는 여러 하위 시스템들로 구성되어 긴밀하게 상호작용하고 있다. 그리고 시스템은 자연계의 진화와 유사하게 발전하고 있음을 고려하면 시간적으로 현재만이 아니라 과거와 미래를 함께 바라보는 전체적인 관점으로 조망하는 것이 필요하다. 따라서 문제 상태인 현재 시스템이 공간적 측면에서 상위 시스템은 무엇이며, 하위 시스템은 무엇인가, 그리고 이러한 공간적인 상위-현재-하위 시스템이 시간적으로 과거에는 어떻게 존재했는지 그리고 미래에는 과연 어떻게 존재할 것인가를 종합적으로 고려해 볼 필요가 있는 것이다.

창의적으로 유연하게 문제를 해결하는 사람들은 당면한 문제를 정의하고 해결하는 과정에서 가능한 멀리 떨어져 거시적인 관점에서 문제를 바라보며 관찰한다. 현재 시스템만 아니라 상위 시스템과 하위 시스템을 함께 고려하며, 현재 시스템의 과거와 미래를 동시에 고려한다. 9 윈도우는 그러한 역할을 수행할 수 있는 도구이다. 나아가 9 윈도우는 시간과 공간의 차원을 고려한 9개의 창(영역)에서 시스템을 관찰하고 상호관계를 연계하여 주변의 사용 가능한 자원을 분석하고 효과적으로 활용할 수 있도록 한다.

4차 산업혁명 시대 인공지능(A.I.), 사물 인터넷(IoT), 빅데이터 등 첨단 과학기술의 혁신적인 발전과 초연결화로 산업의 변화 속도가 빨라지면서 기술이나 제품의 수명 주기가 단축되고 고도화되고 있다. 이러한 4차 산업혁명과 뉴 노멀 시대에는 문제를 신속하면서도 깊고 넓게 다루는 것이 필요하다. 이러한 관점에서 트리즈의 시스템적 접근은 매우 효과적이다.

다차원 사고법에 대한 이해를 돕기 위해 4차 산업혁명의 핵심제품인 자동차에 대한 내용으로 다음과 같이 9 윈도우를 작성한 것을 소개한다.

현재 관심의 대상은 자동차이나 자동차를 구성하고 있는 하위 요소와 자동차의 미래 및 상위시스템을 구성하는 요소를 정의하고 이들 간의 상호관계를 파악해 나감으로써 자동차를 깊이 있게 관찰하고 문제의 본질을 이해할 수 있다.

<표 3.3> 자동차를 보는 시스템 사고 예

<table>
<tr><td rowspan="3">시스템
(공간)</td><td>상위
시스템</td><td>도로,
석유 충전소</td><td>도로,
전기 충전소</td><td>도로,
수소 충전소</td></tr>
<tr><td>현재
시스템</td><td>내연기관 자동차</td><td>전기 자동차</td><td>수소 자동차</td></tr>
<tr><td>하위
시스템</td><td>엔진, 트랜스미션,
조향장치, 바퀴</td><td>모터, 인버터, 배터리,
조향장치, 바퀴</td><td>모터, 고압수소탱크,
배터리, 조향장치, 바퀴</td></tr>
<tr><td colspan="2" rowspan="2">구분</td><td>과거</td><td>현재</td><td>미래</td></tr>
<tr><td colspan="3">(시간)</td></tr>
</table>

다차원 사고법을 작성할 때 미래 항목의 서술에서는 현재에 없는 새로운 시스템을 제시해야 하므로 가장 어려운 부분이다. 이를 위해서는 과거와 현재의 기존 기술시스템의 분석을 토대로 해서 미래 중 하위 시스템으로부터 개선을 시작해서 시스템과 상위 시스템을 서술한다.

다차원 사고법에 대한 또 다른 사례로 펜과 양말 제조에 대한 9 윈도우 작성 사례를 트리즈 저널(www.triz-journal.com)에서 <그림 3.2>와 같이 소개하고 있다.

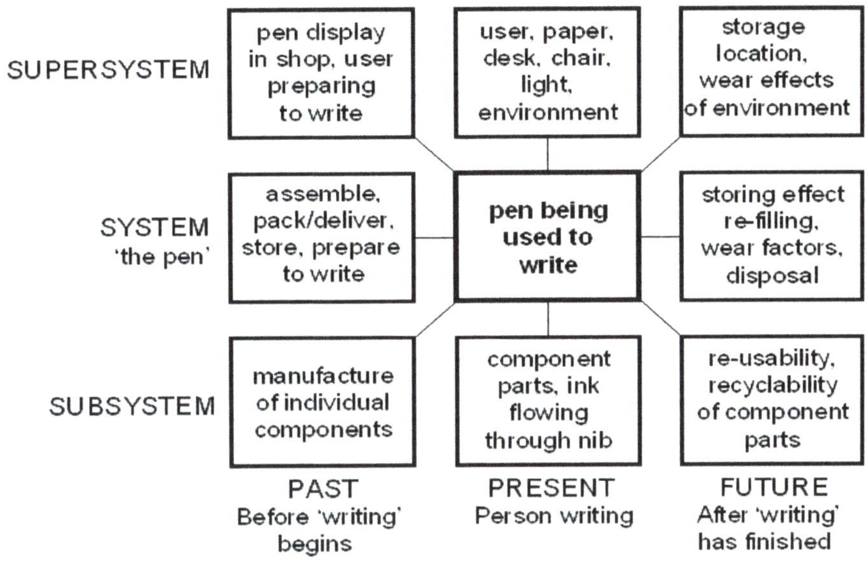

<그림 3.2> 펜(Pen) 사례

자료: Val Kraev, Kraev's Korner : Overcoming Mental Inertia – Lesson 11, The TRIZJournal, August, 2007,

<표 3.4> 양말 제조 사례

시스템 (공간)	상위 시스템	공급자	의류 제조	소매업계 (도매업계)
	시스템	원사 공급자	양말 제조	소매
	하위 시스템	공급 공정, 수송	제조 공정	유통, 판매부서
구분		과거	현재	미래
		(시간)		

자료 : Benjamin Martin 외 2인, "Integrating Ideality with the System Operator Part 1: A Tutorial – Applied to the Bullwhip Effect", TRIZJournal June, 2004

다차원 사고법에서 시간 축의 과거 또는 미래는 문제를 바라보는 목적에 따라서 서술이 달라질 수 있다. 이를테면 문제와 이 문제를 일으키는 사건들의 배열들을 더욱 잘 이해하기 위해서는 과거나 미래를 단절과 이산적인 관점이 아닌 연속적인 관점으로 바라보는 것이 도움이 된다.

예를 들면, 양말의 경우, 이것의 과거는 실(원사)이고, 미래는 양말 도매상으로 서술할 수 있을 것이다. 과거를 더 서술하면, 양말의 과거는 실, 실의 과거는 섬유, 섬유의 과거는 목화 등이 된다.

다차원 사고법을 통해서 심리적 타성을 극복하고 문제 해결에서 높은 성과를 얻기 위해서는 다음과 같은 3가지 관점에서 9 윈도우를 작성하는 것이 좋은 성과를 기대할 수 있다.

① **문제의 정확한 서술** - 풀이할 가치가 있는 문제를 도출함

② **문제의 해결방안 모색** - 시스템을 구체적인 기능을 전달하는 실체로 인식함, 가로축은 작업의 시간적 진행 관점에서 서술하고, 세로축은 공간적 구성 요소의 구조 관점에서 서술함

③ **시스템 발전의 추세를 검토** - 시스템을 추상적인 기능을 전달하는 실체로 인식함

위의 3가지 관점 중에서 첫 번째, 문제의 정확한 서술 관점에서 다차원 사고법을 효과적으로 사용하는 방법 중, 과거와 미래를 각각 예방과 수리 측면에서 작성하는 경우를 대상으로 살펴본다. 시간 축을 서술할 때, 과거 항목에서는 현재 발생된 문제가 재발되지 않도록 필요한 예방 조치 관련 질문 사항을 서술하고, 미래 항목에서는 현행 문제의 수정이나 교정 조치 관련 질문 사항을 서술하는 방법이 있다.

다차원 사고법의 시간과 공간 축의 특성을 요약하면 다음과 같다.

① **현재** : 돌출된 문제를 제시함

② **과거(예방, 방지)** : 만약 문제가 발생하지 않도록 과거에 무엇인가를 할 수 있었다면, 그것은 무엇이었을까? 그리고 어떻게 하면 이 문제를 사전에 방지할 수 있었을까?

③ **미래(수리, 교정)** : 어떻게 하면 이 문제를 고칠 수가 있을까?

<표 3.5> 예방 및 교정을 고려한 시간/공간 영역 작성용 질문(서식)

<table>
<tr><td rowspan="3">시스템
(공간)</td><td>상위
시스템</td><td>〈현 문제〉가 발생되지 않게 하려면 {상위 시스템 중 한 요소}를 어떻게 변환시켜야 할까?</td><td>{상위 시스템}
목록</td><td>〈현 문제〉를 고쳐서(이상적인 상태로) 새롭게 만들려면 {상위 시스템 중 한 요소}를 어떻게 변환시켜야 할까?</td></tr>
<tr><td>시스템</td><td>〈현 문제〉가 발생되지 않게 하려면 어떻게 해야 할까?</td><td>〈현 문제〉를 서술함</td><td>어떻게 하면 〈현 문제〉를 고쳐서 새롭게 만들 수 있을까?</td></tr>
<tr><td>하위
시스템</td><td>〈현 문제〉가 발생되지 않게 하려면 {하위 시스템 중 한 요소}를 어떻게 변환시켜야 할까?</td><td>{하위 시스템의 요소}
목록</td><td>〈현 문제〉를 고쳐서(이상적인 상태로) 새롭게 만들려면 {하위 시스템 중 한 요소}를 어떻게 변환시켜야 할까?</td></tr>
<tr><td colspan="2" rowspan="2">구분</td><td>과거(예방, 방지)</td><td>현재(문제)</td><td>미래(수리, 교정)</td></tr>
<tr><td colspan="3">(시간)</td></tr>
</table>

이와 관련된 9 윈도우 사례로 피자 문제가 있다.

예를 들어, 피자가 눅눅해지는 문제를 대상으로 <표 3.1>의 질문 서식에 맞춰 각 영역을 서술한 결과는 다음 <표 3.6>과 같다.

<표 3.6> 피자 사례

<table>
<tr><td rowspan="3">시스템
(공간)</td><td>상위
시스템</td><td>(피자, 상자, 운반 파우치, 배달 차량, 운전자 등)
패키지 및 배달 시스템을 어떻게 변환시키면 피자가 눅눅해지는 것을 방지할 수 있을까?</td><td>피자, 상자, 운반 파우치, 배달 차량, 운전자</td><td>(피자, 상자, 운반 파우치, 배달 차량, 운전자 등)
패키지 및 배달 시스템을 사용해서 피자를 다시 바삭바삭 하게 만들 수 있을까?</td></tr>
<tr><td>시스템</td><td>피자가 눅눅해지지 않게 하려면 어떻게 해야 할까?</td><td>〈현 문제〉
피자가 눅눅해짐</td><td>어떻게 하면 눅눅한 피자를 다시 새롭게 바삭바삭 하게 만들 수 있을까?</td></tr>
<tr><td>하위
시스템</td><td>(빵 껍질, 치즈, 소스, 페퍼로니, 버섯 등)
어느 한 요소를 변경해서 피자가 눅눅해지지 않도록 할 수가 있을까?</td><td>빵 껍질, 치즈, 소스, 페퍼로니, 버섯</td><td>(빵 껍질, 치즈, 소스, 페퍼로니, 버섯 등)
어느 한 요소를 대상으로 무언가를 해서 피자를 다시 바삭바삭 하게 만들 수가 있을까?</td></tr>
<tr><td colspan="2" rowspan="2">구분</td><td>과거(예방, 방지)</td><td>현재(문제)</td><td>미래(수리, 교정)</td></tr>
<tr><td colspan="3">(시간)</td></tr>
</table>

자료 : Ellen Domb, Joe A. Miller and Ralph G. Czerepinski, "Case Study: Pizza and the System Operator for Teaching", TRIZJournal, March 2008

9 구역 전체를 서술한 다음에는 구역마다 최소한 하나의 질문 문항을 도출하도록 한다. 그리고, 도출된 질문을 기반으로 해서 새로운 아이디어를 생성하는 활동을 진행한다. 예를 들어, 피자 문제의 하위 시스템/예방 구역에서의 질문으로부터 “따로 분리된 그릇에 버섯을 담아두기”와 같은 아이디어가 제시됐으면, 이 생각을 기반으로 해서 ‘피자가 눅눅해지지 않도록’ 할 수 있는 해결안을 도출하는 과정을 계속 진행한다.

문제를 폭넓게 조사하면서 유용한 자원을 도출하기 위해서 다음과 같은 자원 목록을 만드는 것은 유용하며 이를 효율적으로 점검할 방안을 서식으로 제시하면 <표 3.7>과 같다.

<표 3.7> 가용 자원 목록 작성용 서식

시스템 수준	도구와 관련해서, 다음 각 시스템 수준에서 이용 가능한 자원 목록을 작성함	대상과 관련해서, 다음 각 시스템 수준에서 이용 가능한 자원 목록을 작성함
상위 시스템	물질과 사물, 변형된 물질과 사물 빈 공간 상호작용과 이것들을 일으키는 에너지 형태 특성 또는 성질 공간 시간 정보 해로운 물질 및 상호작용 사람의 기능 및 능력 기타	물질과 사물, 변형된 물질과 사물 빈 공간 상호작용과 이것들을 일으키는 에너지 형태 특성 또는 성질 공간 시간 정보 해로운 물질 및 상호작용 사람의 기능 및 능력 기타
시스템	(상기와 동일)	(상기와 동일)
하위 시스템	(상기와 동일)	(상기와 동일)

9 윈도우 시스템의 확장을 통해 더욱 시스템을 거시적으로 볼 수 있다.

<그림 3.3>은 9 윈도우의 확대 개념도이다.

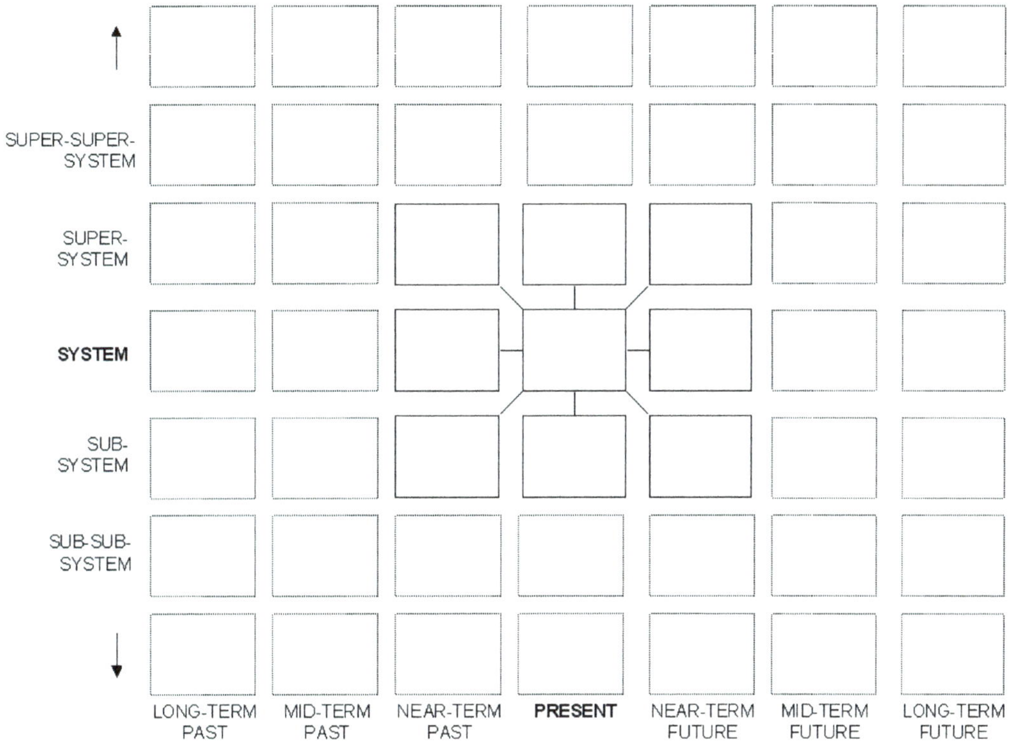

<그림 3.3> 9 윈도우 확장 개념도

Chapter 4.
자원(Resource)의 활용

4.1 자원이란 무엇인가?

4.2 자원의 사용

4.3 물질-장(Substance-Field)

4.1 자원이란 무엇인가?

자원의 사전적 정의는 다음과 같다.

자원이란 인간의 생활 및 경제 생산에 이용되는 물적 자료 및 노동력, 기술 등을 통틀어 이르는 말로 분류방법에 따라 천연·인공 자원, 지상·지하 자원 및 생물·광물 자원 등으로 나뉜다.

자원은 주어진 문제를 해결하고, 원하는 문제를 생성하기 위해 사용할 수 있는 "모든 것"을 의미한다.

트리즈 마스터인 보리스 즐로틴(Boris Zlotin)과 알라 주스만(Alla Zusman)은 자원을 다음 표와 같이 정의한다.

<표 4.1> TRIZ에서 자원의 정의

자원	내용
물질	기술시스템을 구성하는 부품과 소재는 원래, 언뜻 보면 사용가치가 없는 것처럼 보이는 "폐기물"등도 포함된다.
공간	기술시스템을 구성하는 공간과, 그 주변에 있는 비 점유 공간 등도 포함된다.
시간	한 작업의 개시 전과 종류 후 등의 사용되고 있지 않은 시간과, 작업 프로세스상의 남은 시간 등이 상정된다.
장	기술시스템과 그 환경 안에서 사용 가능한 모든 종류의 에너지, 작용, 힘 등이 포함 된다. 구체적으로는, 기계의 장, 열의 장, 화학의 장, 전기의 장, 자력의 장, 및 전자력의 장에서 발생하는 다양한 에너지 등이 상정된다.
정보	크게 생각하면, 보유하고 있는 기업의 "노하우"이다. 작게는, 인간의 오감(시각, 청각, 촉각, 미각, 후각)을 통해서 파악할 수 있는 기술 시스템에 관한 현상(변색, 이음 발생, 열, 괴로움, 타는 냄새)은 차기 제품에 대한 대응을 촉진하는 일종의 정보 자원이라고 할 수 있다.
기능	기술시스템(제품)을 갖춘 본래의 기능과, 그 이외에도 사용자가 편리성을 향상시키기 위해서 "베푸는 태도" 등도 "파생된 기능 자원"으로서 파악하고, 차기 제품에 대한 대응을 촉진하는 일종의 기능 자원이 된다.

자원은 '기본 자원'인 시간, 공간, 물질, 에너지, 정보와 이들을 조합한 '유도 자원'이 있다. 자원을 시간, 공간, 물질, 에너지, 정보, 방법(기능), 인간으로 분류할 수도 있다. 이 경우 기능은 물질, 에너지, 정보가 결합된 유도 자원이고, 인간도 물질과 에너지, 정보가 결합된 유도자원이다.

Who - 자원은 문제를 해결하려는 사람과 문제를 생성하려는 사람이 필요하다.

문제를 해결하려는 사람은 어떤 자원이 부족해 문제가 해결되지 않는지 자원을 어떻게 활용할 수 있는지를 생각해야 한다.

문제 해결력은 활용 자원력에 의해 결정된다. 뒤에서 언급할 물 막이 사례에서 박사급 인력도 생각하지 못한 해법을 학력이 낮은 정주영 회장이 해결할 수 있었던 것은 그가 대기업 회장으로서 많은 자원을 가지고 있었기 때문이다.

문제를 생성하려는 사람은 확보한 자원을 언제, 어디서, 어떻게 활용할 수 있는지를 생각해야한다.

예를 들면 지금은 수백억 원 비즈니스가 된 아귀라는 생선은 1970년대 초반까지 비료로도 사용이 곤란한 쓰레기 자원이었다. 제주도 환상 숲도 임업적 가치가 전혀 없는 잡목림이었지만, 스토리라는 정보자원을 입혀 연간 수십억 원의 매출을 만드는 가치있는 비즈니스를 만들어 냈다.

When - 자원은 문제 해결 과정에서 필요하다.

트리즈의 발명 문제 해결 과정 <그림 4.1>은 '문제 상황 및 모순의 파악', '자원의 대응', '이상적 최종 결과의 정의'라는 세가지 모듈로 구성된다.

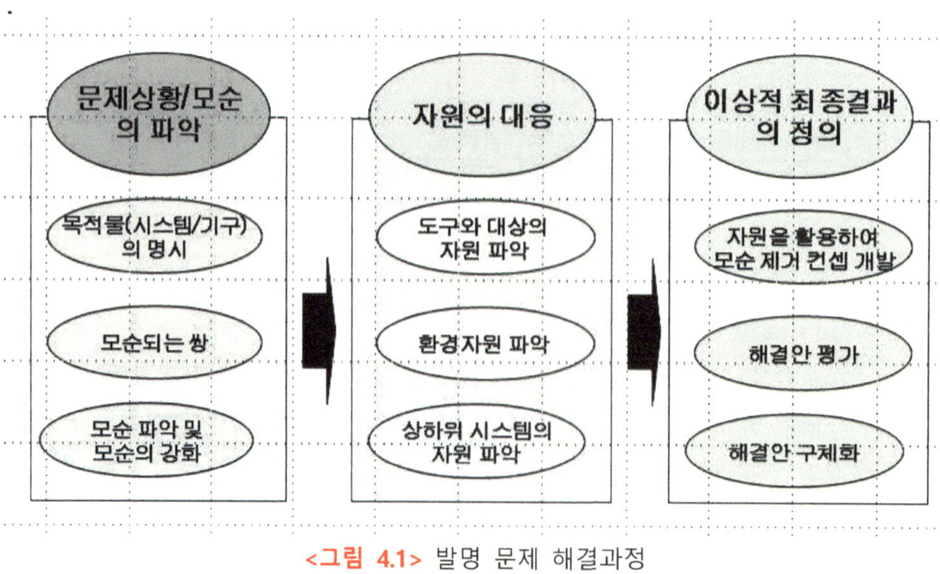

<그림 4.1> 발명 문제 해결과정

문제를 파악한 후에 해결을 위한 자원을 찾는 것과 이용하는 것이 문제 해결에서 중요한 요소이다.

자원의 대응은 자원의 파악(발견)이 핵심이다.

도구(Tool)와 대상(Object)에서 기본 자원과 유도 자원을 발견하고, 그 안에 없다면 환경에서 기본 자원과 유도 자원을 발견한다. 그 안에도 없다면 상위, 하위 시스템에서 찾아내야 한다.

예를 들어 전자석의 자력을 높이고 싶은데 전압을 높일 수는 없다는 문제를 보자.

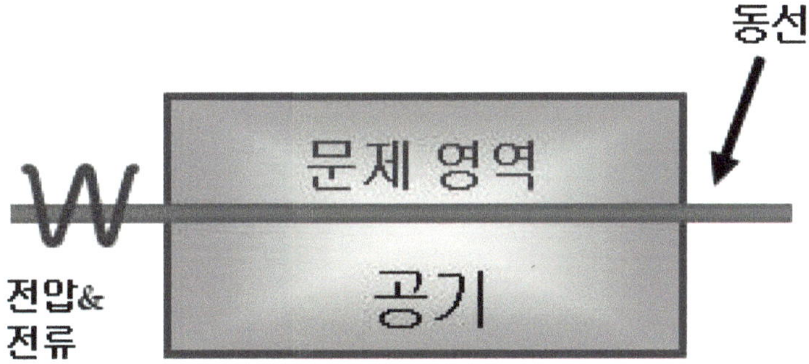

<그림 4.2> 전자력선

이 문제 안에는 전선을 이루는 구리(Copper, Cu)라는 물질 자원이 존재하고, 전류라는 에너지 자원이 존재하며, 전압이라는 정보자원, 전선의 굵기라는 공간 자원이 있다.

구리라는 물질 자원을 좀 더 자세히 분석하면 산소, 실리콘, 주석, 게르마늄, 안티모니, 아세닉, 카드뮴 등이 존재한다.

전선의 공간 자원은 면적만이 아니라 형상, 길이, 결정 구조라는 자원도 존재한다.

이런 자원들이 앞에서 말한 전압을 높이지 않고 자력을 높이고 싶다는 문제를 해결하는데 이용될 수 있다. 예를 들면 전선의 형상이라는 공간 자원을 원에서 사각형으로 바꾸면 코일 안에 존재하는 공극을 없애 같은 길이와 전압을 통해도 자력이 증가한다.

만약에 도구나 대상에서 이 문제를 해결할 수 없다면 환경에서 극저온이라는 수단을 적용하면 전기 저항이 줄기 때문에 원하는 결과를 얻을 수 있다.

Why - 문제 해결력은 자원을 찾아내고 활용할 수 있는 능력에 비례한다.

아침을 서울, 점심을 부산, 저녁을 서울에서 먹는 것은 100년 전에는 해결 불가능한 문제였다. 하지만 지금은 해결 가능한 것으로 KTX, 비행기, 자가용, 고속버스 등의 교통수단이라는 자원을 가지고 있기 때문이다.

서울에서 로스앤젤레스를 4시간 내에 이동 할 수 없다는 문제를 일반 민간인은 해결 불가능하지만 SR71과 공중급유기라는 자원을 가진 미공군은 가능하다.

한국에서는 수많은 간척사업이 있었는데 그 중 하나가 서산 A, B지구 간척사업이다. 이것은 총 길이 7,686 m 방조제를 축조해 간척지를 조성하는 대규모 공사였다. 간척공사의 마지막은 다음의 그림과 같이 양쪽에서 쌓아온 방조제에 흙이나 돌을 부어 물길을 차단하는 물막이 공사라는 작업이다. 하지만 마지막 물막이 270 m 구간에서 문제가 생겼다. 초당 8.2 m에 달하는 빠른 유속으로 아무리 많은 흙과 바위를 쏟아 부어도 바다 물에 쓸려 내려가 버렸다.

수많은 국내외의 전문가들이 이 문제를 해결하려 했지만 해답을 찾지 못했다.

하지만 현대의 정주영 회장은 자신이 가진 자원인 '폐 유조선'을 이용해 이 문제를 해결했다. 고철로 쓰려고 구입한 23만 톤급(길이 322 m, 높이 27 m, 폭 45 m) 폐 유조선을 끌고 와 방조제 사이에 가라앉혀 물막이 공사를 했다.

문제는 270 m라는 '공간'과 초속 8.2 m의 유속이라는 '에너지'였다. 그 공간과 에너지를 메울 수 있는 자원을 다른 사람은 가지지 못했지만, 정주영은 폐 유조선이라는 23만톤의 무게와 322 m라는 공간을 가진 자원을 가지고 있었기에 문제 해결을 할 수 있었던 것이다.

앞에서 언급한 것처럼 기본 자원과 유도 자원 프레임을 이용해 도구와 대상, 환경, 시스템을 분석하여 찾아낼 수 있다.

<그림 4.3> 물막이 공사

<그림 4.4> 폐 유조선 물막이 공법

자원을 찾는 또 다른 프레임은 내적(Internal) 및 외적(External)과 1차(Readily Available), 2차(Derivative), 3차(Differential) 자원이다.

자원은 IFR(Ideal Final Results, 최종 이상해)에 근접한 문제의 해결책에 있어서 중요한 역할을 한다. 이상에 도달하지 못한 어떤 기술은 유용한 몇몇 물질(Substance) 혹은 장(Field)을 가져야 한다. 기술적인 문제를 해결하는데 있어서 자원의 적용은 종종 이상적인 해결책으로 인도한다.

자원은 내적(Internal) 및 외적(External) 자원으로 분류된다. 내적 자원은 상충(Conflict) 시간/작동기간 전에 혹은 동안에 상충 영역 혹은 작동 구역에서 도달할 수 있는 물건, 물질 또는 장이다. 외적 자원은 상충 영역 인접에서 혹은 상충 시간 이전에 일어나는 현상에서의 물건, 물질 또는 장이다. 예를 들면, 화력 발전소의 재(Ash)는 토양 환원제, 식물 성장 촉진제, 비닐 제품과 콘크리트의 혼합제로 이용된다.

한편, 내적과 외적 자원들은 1차(Readily Available), 2차(Derivative), 3차(Differential) 자원이 될 수 있다. 이러한 자원은 아리즈(ARIZ)를 이용하여 문제를 해결할 때 유용하다.

많은 경우에, 문제를 해결하기 위해 필요한 자원들은 그대로 기술 안에서 이용 가능하다. 이들은 1차 자원들이다. 그러나 이용 가능한 자원들이 축척 혹은 변화와 같은 약간의 준비 후에야 이용될 수 있다. 그런 자원들을 2차 자원이라 불리어진다.

1차 자원들은 대체로 그 존재 상태로 이용될 수 있다. 물질, 장, 기능적인 공간과 시간 자원들은 대부분 기술에 이용 가능한 요소들이다. 물질 자원은 기술과 그 환경을 구성하는 모든 재료들을 포함하기 때문에, 이상에 도달하지 못한 어떤 기술은 이용 가능한 물질 자원들을 가져야 한다.

예를 들어, 베어링과 같은 기계요소들의 과열을 방지하기 위해, 전형적으로 과열이 일어날 같은 곳에 위치한 열전쌍을 포함하여 온도 조절 체계를 설치한다. 미끄럼 베어링은 구성 요소 안에 고정된 철 고리에 전기 전도용 삽입물을 종종 포함한다. 만일 철 고리와 몸체 사이의 접촉이 열전쌍으로 이용된다면 과열을 방지할 수 있다. 즉, 구성 요소는 열전쌍이 어떤 값 이상의 온도를 감지하게 되면 꺼진다.

2차 자원들은 몇 종의 변형을 한 후에 이용되는 자원들이다. 이들 2차 자원들은 존재 그 상태로는 유용하지 않으나 변형 혹은 수정되어 자원이 되는 원재료, 생산품, 폐기물과 기술의 하위계(물, 공기 등을 포함하여)들이 될 수 있다. 예를 들어, 발전소에 나오는 따뜻한 물은 비닐하우스에서 유용하게 사용될 수 있다. 종종 상전이(물리적 의미에서)와 화학 반응2차 자원 생성을 위해 이용될 수 있다. 하나의 예로 산화칼슘(CaO)이 물에 녹으면서 생기는 열이다.

더 많은 특정한 1차, 2차 자원들에 대하여 아래에 예들과 함께 소개한다.

1차 물체(Matter) 자원들 - 바로 쓸 수 있는 어떤 것을 구성하는 어떤 재료, 하위계, 생산물(중간과 최종), 잔존물 등등

예: 한 공장이 반도체 산업을 위해 아주 순수한 석영을 생산한다. 석영은 같은 공장에서 매우 순수한 금속들을 녹이기 위한 도가니로 사용된다.

2차 물체 자원들 - 준비된 자원들의 변형을 통해서나 준비된 자원들에 관한 어떤 행위 하에서 얻어지는 물질과 재료

예: 불순물로부터 반도체 칩을 보호하기 위해 반도체 표면 위에 성장된 얇은 실리콘 산화막

1차 에너지(Energy) 자원들 - 기술 혹은 환경에서 존재하는 어떤 사용되지 않은 양의 에너지

예: 차가 달리는 동안에 이용할 수 있는 전기 에너지가 차 라디오의 동력을 공급한다.

2차 에너지 자원들 - 1차 에너지 자원을 다른 류의 에너지로 전환 혹은 방향, 세기, 그들의 운동의 특성이 바뀌는 것을 통하여 수용되는 에너지.

예: 열전쌍은 열 에너지를 정확히 잴 수 있는 전기신호로 변형시킨다.

1차 장(Field) 자원들 - 기술 혹은 환경에서 이용할 수 있는 어떤 쓰지 않는 장

예: 지구의 중력장과 전기장

2차 장 자원들 - 1차 장 자원을 다른 류의 장으로 전환 혹은 방향, 세기, 그들의 운동의 특성이 바뀌는 것을 통하여 수용되는 장

예: 구름과 지구 사이의 전기 포텐셜(정전기장)은 빛으로 변형시킬 수 있다(전자기장).

1차 정보(Information) 자원들 - 기술로부터 나오는 물질 혹은 장의 도움으로 인하여 수용될 수 있는 기술에 관한 정보

예: 차 배기 가스에서 나오는 기름과 다른 입자들은 차 엔진 기능에 관한 정보를 제공한다.

종종 기술은 해 없이 줄일 수 있는 잉여의 정보를 갖고 있다. 파일을 압축시키기 위한 Pkzip.exe, Arj.exe, WinZip과 같은 컴퓨터 프로그램들이 그 예이다.

2차 정보 자원들 - 관계 없는 정보를 연관시키는 것. 시기와 정확성은 정보 자원들에 매우 중요하다.

예: 지구의 자기장의 약간의 변화는 광물을 찾는데 이용될 수 있다.

1차 공간(Space) 자원들 - 기술에서 이용 가능한 자유로운, 비어 있는 공간들

예: 여객용 기차의 침대 칸 문은 벽 사이로 미끄러진다.

반도체 웨이퍼의 자르는 선에 평가용 소자들이 위치한다. 자르는 선을 따라 개개의 반도체 칩들이 분리되기 전에 평가가 전 웨이퍼에 대해 행해진다.

2차 공간 자원들 - 다른 기하학적 효과의 확대로 얻어지는 부가된 공간.

예: 자기 테이프 혹은 띠톱과 같은 환형 요소들의 효과적 길이는 뫼비우스 띠처럼 굽힘에 의해 두 배로 되어 질 수 있다.

1차 시간(Time) 자원들 - 기술적 과정 동안, 전, 후에 혹은 작동 사이에 쓰지 않는 혹은 오직 부분적으로 쓰인 시간 간격

예: 정비소에서 차의 오일을 바꾸면서 동시에 근처의 식당에서 점심을 먹는 것

2차 시간 자원들 - 과정의 가속, 감속, 중단의 결과로서 얻어지는 시간 간격들

예: 압축된 형태로 정보 전달

1차 기능(Function) 자원들 - 구체적인 용도로 설계된 것들에 더하여 기능을 수행하는 하위계 혹은 기술의 능력

예; 천장의 전구를 갈기 위해 탁자 위에(높이를 이용하기 위해) 서 있는 것

2차 기능 자원들 - 약간의 변화 후에 부가적인 기능을 수행하는 기술의 능력
예: 써머 플라스틱 부품을 생산하는 압축 주형은 통로 형태이고 통로는 알파벳 문자 같은 최종 생산물이 된다.

3차 자원이란 종종 물질 혹은 장의 속성들의 차이를 형성하는 자원들을 말한다. 이 3차 자원들은 기술의 물질 혹은 장의 구조와 속성의 차이를 희생하여 자주 이용될 수 있다.

전형적인 3차 물질 자원

구조적 차이 - 이방성은 방향에 따른 물질의 물리적 특성 차이이다. 우선 결정(고체 혹은 액체)의 특성이다. 이방성은 주기능 수행 또는 유용한 기능UF 수행의 증가를 위해 쓰인다.
예: 광 특성들 - 다이아몬드의 찬란함과 다른 광 특성들은 면들의 대칭되게 작은 면을 만들었을 때 분명하게 나타난다.

전기 특성들 - 수정 평판은 결정을 특정 방향으로 잘랐을 경우에만 압전 특성을 갖는다.

음향학 특성들 - 다른 구조(결함)에 의한 부품의 단면이 음향학적 차이가 결함측정기의 기본을 형성한다.

기계적 특성들 - 단층을 따라 화산, 비정질 유리(흑요석) 조각들이 쪼개짐에 의해 생성되는 가장 날카롭고 가장 싼 외과용 칼

화학적 특성들 - 열연강을 부식시킬 때, 처음에 박편을 녹이고 압연을 위한 조각 준비를 해준다. 결정의 부식은 처음에 점 결함, 전위, 미세 결정 영역의 경계에서 일어나면서, 결정의 미세 구조 연구를 위한 시료를 만든다.

기하학적 특성들 - 오직 구형의 알갱이가 기울어진 분류 탁자를 굴러서 수용 용기에 들어간다. 불량 알갱이들은, 모양이 벗어난 것들, 탁자 위에 남아서 버려진다.

재료 특성 차이 - 재료 특성의 다양성은 제일의 기능을 수행 혹은 유용한 기능 UF 성능 증가를 위해 쓰인다.

예: 다른 전기적 저항을 갖는 실리콘 에피택시 박막은 다른 절연 파괴 혹은 문턱 전압 혹은 회복 시간과 같은 특정 특성에 대한 다양한 값의 반도체 소자를 만들 수 있다.

강철의 절단 조각의 혼합물은 다른 합금이 큐리 온도에 해당하는 온도에 차례로 혼합물에 열을 가한 후 자기적 분리를 이용하여 분리할 수 있다.

전형적인 3차 장의 자원들

기술의 다른 부품에 장의 불균일성은 장의 포텐셜 차이의 이용을 허용한다.

장의 경사도를 이용하라.

예: 지면 근처와 3200미터 고도에서의 공기압 차이는 굴뚝과 함께 로에서 퍼내기를 일으킨다.

공간의 불균일성을 이용하라.

예: 기찻길의 교차는 오직 부하를 많이 받는 구조에 재료의 합리적인 사용의 한 예라고 여겨질 수 있다.

작업 조건을 개선하기 위하여, 작업 장소가 음향의 거의 차단된 영역에 위치한다.

표준으로부터 장 값의 편차를 이용하라.

예: 건강한 사람의 맥박과 환자의 맥박과 어떻게 다른가를 분석하면서, 티벳의 의술은 200가지 이상의 질병을 진단한다.

자기 어뢰는 표면에 떠있다가 이웃하는 물체(주로 배) 중에서 가장 강한 자기장을 갖는 물체 아래에서 폭발한다.

유용한 기능을 수행하기 위하여, 상호 작용하는 물질과 장은 가능한 적은 차이를 가져야 기술에서 유해한 흐름을 피할 수 있다. 하지만, 유해한 기능 혹은 원치 않는 효과를 제거하기 위하여, 차이가 최고가 되어야 유용한 흐름을 제공한다. 이것은 주어진 물질 문제의 종합된 상태를 조절 혹은 장의 간섭에 의해 다룰 수 있다.

다른 자원의 특별한 경우는 정상 하위계와 비교하여 결함 있는 하위계에 몇몇 재료의 특성들이 사라지거나 나타나는 것이다.

4.2 자원의 사용

자원을 분석하는 동안 다음 문제들이 제기된다: 문제를 해결하는 동안 어떻게 자원들을 선택할까? 어느 순서에서 자원들을 찾을까? 어떻게 하면 좀 더 바람직한 방법으로 자원을 사용할까?

다음 두 목록은 이들 문제에 대해 대답할 때 도움이 될 수 있다.

자원평가	
계수적	불충분한
	충분한
	제한이 없는
계량적	유용한
	중도적인
	해로운

자원의 이용가능성	
적용 용이성	1차
	2차
	3차
배열	작업영역
	작업기간
	기술
	하위계
	초계
가치	비싼
	싼
	무료

최소의 비용으로 최고의 결과를 얻어내는 일반적인 순서는

① 부수적인 자원들: 특히, 폐 자원들
② 외부 환경
③ 도구
④ 다른 기술의 하위계
⑤ 변화에 대해 제한이 없다면, 가공하지 않은 물체/혹은 생산물

생산물의 자원을 분석하는 동안, 생산품 자체는 주로 기술의 변화할 수 없는 요소로 여겨짐을 명심해야 한다. 오직 예외는 생산물이 자체가 변할 수 있을 때 혹은 다음을 허용할 수 있을 때 일어난다.

① 어떤 부품의 비용
② 초계에서의 전이
③ 빈 공간과의 연결(공극)
④ 시간적으로 임시적인 변화

무한한 양의 사용 가능한 자원들은 사용하기가 보다 쉬워진다. 일반적으로, 환경으로부터의 자원은 그게 가능하다. 예를 들어, 공기, 물, 온도, 태양과 풍속 에너지 등등. 환경에 존재하지 않는 자원들을 이용하는게 필요하면, 기술 자체에서 알맞은 양이 존재하는 자원을 고려한다. 그런 자원은 종종 기술 혹은 기술의 자유 공간에 의해 생산되거나 소비되는 매개물 혹은 에너지와 같은 기술의 UF, NF와 연결된 것들 혹은 인근의 기술들이다. 충분한 양의 사용이 불가능한 자원을 이용하는 것은 불편하고, 그런 사용은 자주 그런 자원들을 축척하느라고 부가의 노력을 요구한다.

다음에 있는 순서로 이용 가능 정도를 바탕으로 한 자원을 살펴 볼 수 있다.

해로운 자원들(특히, 제조 폐기물, 오물, 사용하지 않은 에너지)

1차적인

2차적인

3차적인

그런 접근은 기술이 이상성을 증가시키고 제조의 생태적인 매개 변수의 개선 여지를 준다. 단순 자원의 2차, 3차 자원으로 어떤 변형은 기술의 복잡화, 부가적인 에너지, 돈을 요구하고, 그 때문에 이상으로부터 결정과 거리가 있다.

이들 탐색 방향은 통계적으로 바람직하다. 물론, 그것은 이 순서가 모든 기술과 문제에 대한 최선을 의미하는 것은 아니다. 종종 하위계, 기술 에너지, 기술 양상, 기술 기능은 자원을 제공한다.

불행하게도, 자원들은 종종 숨겨져 있거나 사용할 수 없다. 따라서 다음 일반적인 추천들은 유용하다.

- 가장 중요한 작동과 하위계에 자원들을 집중하라.
- 합리적이고 효과적인 자원의 이용으로 전환하라(어떤 손실, 폐기물, 정지를 제외한다.).
- 공간 혹은 시간에서 자원들을 집중하라.
- 다른 과정에 쓸모 없는 혹은 잃어버린 자원들을 사용하라.
- 다른 하위계의 유용한 자원들을 공유하고 이들 하위계들을 역학적으로 하위계를 조절한다.
- 하위계의 숨겨진 특성에 따라 다른 자원들을 사용하라.
- 과정의 필요를 위해 수정하여 다른 자원들을 이용하라(즉, 환경 자원들을 이용하라).

공간

- 하위계로부터 가장 중요한 인자들을 선택하고 나머지를 덜 가치 있는 공간 영역에 넣어라.
- 배치를 더 밀집하게 하고, 여유 공간(틈새, 공동) 이용하고, 물체를 다른 것 안에 위치시켜라.
- 이웃한 하위계 표면 혹은 표면의 반대쪽을 이용하라.
- 또 다른 공간 차원(점, 선, 표면, 부피)을 이용하라.
- 좀더 밀집한 기하학적 배치를 이용하라(예를 들어, 나선).
- 역학에서 모양을 바꾸면서, 다른 대상 안에서 임시적인 자유 공간을 이용하라. 두 양립할 수 없는 대상(과정)들이 한 지점에 놓여야 한다면, 그들은 순환하게 하여 하나가 다른 것이 중지하는 동안에 계속할 수 있다.
- 정보 문제를 해결하는 동안에, 데이터(그림 모양을 포함하여)는 하위계로부터 배제 되어야 한다.

시간

- 가장 높은 수준에 이르는 결과를 결정하는 과정의 오직 가장 가치 있는 부분을 이행하라.
- 미리 몇몇 단계들을 이행하고, 과정에 하위계를 응답하게 하여 가장 가치 있는 기간에 시간 낭비를 최소화하라.
- 작동을 집중적으로 하고, 정지를 제거하고, 멈춤과 헛도는 것을 배제하고, 과정을 지속시켜라.
- 일련의 수행을 병렬적으로 옮겨라.

재료

- 큰 공간에 작은 양의 물질을 뿌리기 위해 박막, 가루(먼지), 수증기를 이용하라.
- 주어진 물질과 혼합물에 환경으로부터 매개물을 이용하라(첨가, 거품, 팽창성의 약포, 액체로 채워진 코팅으로서 주어진 물질을 이용하라).
- 과정의 필요에 의해 변형된 환경으로부터 매개물을 이용하라.

에너지

- 최고의 수준에 이르는 결과를 결정하는 과정의 가장 가치 있는 부분만을 이행하라.
- 가장 가치 있는 에너지 유형 사용을 제한하고, 대신 보다 싼 에너지를 이용하라.
- 세기가 부족하다면, 적절한 공간(몇몇 덜 강한 흐름을 더하라)과 시간(진동 운동 혹은 몇몇 진동의 집중과 함께) 에너지를 집중하라.
- 기술 근처의 에너지 자원들을 이용하라.

몇몇 종류의 에너지에 대한 흐름의 세기가 제한이 있다면, 좀더 강한 흐름을 조작하여 이 흐름을 이용하라.

- 숨겨진 기술의 속성을 이용하여 다른 유형의 흐름을 더하라.
- 다른 유형의 에너지 흐름으로 변형하라.
- 주워지거나 근처의 기술의 에너지 폐기물을 이용하라.
- 환경 자원들을 이용하라.

자원을 분석하는 또 다른 방법은 수평축과 수직축에 같은 자원들을 나열한 2차원 형태학적 상자(Morphological Box)이다(도구, 부가 생산물, 외부환경, 빈 공간 등등). 이 상자 안에 있는 모든 자원들을 포함하는 필요성을 강조하자. 종종 문제 해결자가 간과한다.

- 사용하지 않는, 특정한 속성과 기술의 특성
- 존재하나, 불완전하게 쓰이는 하위계
- 하위계 간 배치, 상호간의 배향, 상호 통신
- 새로운, 기대하지 않은 작은 변화 후에 나타나는 기술의 특성과 특징

예:

- (하위)계의 무게 혹은 부가 효과를 증가하기 위해 주기적으로 일어나는 노력을 이용하는 것
- 부가의 긍정적인 효과에 의한 과도한 에너지 소비를 보상하는 것
- 최적의 매개 변수(온도, 습도, 조명 등등) 선택하여 확실하게 하는 것(제공하는 것)과/혹은 정확한 수학적 모델과 컴퓨터 모의 실험을 근거로 하여 (하위)계에 침전 압력(전압)을 명확히 하는 것과 과도한 것을 이용하는 것
- 파손과 다른 피동적, 수신된 에너지를 이용하거나 축척하는 것
- 목표를 수행하거나 불필요하게 되는 보조적인 목적의 (하위)계를 이용하는 것
- 어떤(하위)계 개선 후, 다른(하위)계는 어떻게 변하여 기술의 전체적인 효율을 훨씬 증가시키는가를 정의하는 것

그런 형태학의 상자는 일관되게 단순 자원들만 아니라, 그것들의 조합을 보여주도록 해준다. 종종 이 단계에서 자원들에서 3 겹 혹은 그 이상 복잡한 조합들이 일어날 수 있다. 이 경우 좀 더 복잡한 형태학의 상자들이 창조될 수 있다.

- 위의 방법에도 불구하고 필요한 자원이 발견하지 못하면, 다음 추천들을 시도한다.
- 정보와 기판과 같은 둘 혹은 그 이상 다른 자원들을 조합하라.

- 기술 체계(Technique Hierarchy)의 더 높은 수준으로 나아가라.
- 자원들이 필요한지 고려하고, 탐색을 재공식화 하라.
- 더 싸거나 혹은 접근하기 용이한 에너지 원 혹은 고효율의 주 기술 기능(Primary Technique Function)을 위한 다른 물리적 원칙으로 나아가라.
- 문제 조건의 해 요구되는 조치 대신에, 반대 조치를 수행하라(예를 들면, 하위계를 식히지 말고 가열하는 것).
- 자원을 고려하는 것은 문제 해결자(a Solver)에서 "상자 밖을 보는 것"을 허용한다.

그것은 특히 문제 해결자가 특별한 하위계(들), 작동 영역, 창조적인 문제의 모순을 해결하는 기간에 주의를 기울일 때 특히 중요하다. 사용 가능하고 매우 저렴한 에너지 물질과 마찬가지로 빈 공간 혹은 틈, 폐기 생산물, 부산물, 혹은 해로운 물질과 장을 사용하는 해결책은 특히 효율적이다. 요컨대, 자원은 기술과 환경에서 쓰이지 않은 채로 있는 모든 것이다. 그들은 종종 기술 혹은 초계로 존재하지만, 가끔은 문제 해결자로부터 숨어 있다.

4.3 물질-장(Substance-Field)

물질-장이란 물질(Substance)과 물질 사이의 상호관계를 분석하는 방법이다.

물질과 물질 사이에는 장(Field)이라는 공간 속의 에너지가 주어지는데, 물질과 물질 사이의 장을 종합적으로 분석하는 것이 물질-장이다.

물질-장 분석을 위해서는 먼저 용어 정의를 하는 것이 필요하다.

물질의 사전적 정의는 다음과 같다.

물체의 본바탕 재물을 달리 이르는 말

물리 : 자연계의 구성요소의 하나. 다양한 자연현상을 일으키는 실체로서, 공간의 일부를 차지하고 질량을 갖는다(Matter, Substance, Material).

철학 : 감각의 원천이 되는 것. 의식으로부터 독립된 객관적 실재로서, 시간과 공간은 그 객관적인 존재 형식이며 운동은 그 속성이다.

물질의 예를 들면 다음과 같다.

약 : 병이나 상처 따위를 고치거나 예방하기 위해 먹거나 바르거나 주사하는 물질
불 : 물질이 산소와 화합하여 높은 온도로 빛과 열을 내면서 타는 것

나무위키에서는 물질을 다음과 같이 정의한다. 고전적 정의에 따르면 물체를 이루거나, 질량과 부피를 갖는 존재를 뜻하며 양자역학의 대두 이후에는 질량과 부피가 그렇게 단순한 파라미터가 아니기 때문에 좀 정의가 변하였다. 현대 양자 역학에서는 우주만물을 구성하는 물질의 구성요소를 페르미온(Fermion) 즉, 쿼크(Quarks)와 렙톤(Leptons)으로 이루어져 있다고 본다.

기본적으로 실재적인 존재감이 있어야 한다는 데에는 정의가 일치하는 듯하다. 돌멩이나 나무는 물질이지만, 마음이나 사랑 같은 건 물질이라 부를 수 없다. 이런 건 화학에너지라 부른다.

물질을 계속 쪼개다 보면 분자-원자-양성자, 중성자, 전자-소립자-렙톤, 쿼크 이런 식으로 나아간다. 그러나 어지간한 대학 학부까지는 렙톤과 쿼크까지 나가는 건 많지 않다. 고등학교 1학년 융합과학에서 처음 소개된다.

물질은 상에 따라 고체, 액체, 기체로 나누기도 한다.

우주에서 물질은 매우 희귀한 편에 속한다.

물질을 분석하다 보면 물질의 보이는 측면은 쉽게 이해가 되는데, 물질의 보이지 않는 측면은 이해하기가 어렵다. 그래서 물질의 보이지 않는 측면을 성질이라고 부르면서 물질을 심층 분석할 때 사용한다. 성질은 물질마다 가지고 있는 고유한 색깔, 냄새, 맛, 긁히는 정도, 구부러지는 정도 등을 말한다. 순수한 물은 냄새가 없고, 식초는 시큼한 냄새가 난다. 소금은 짠맛, 설탕은 단맛이 난다. 철은 구부러지지 않지만, 고무는 잘 구부러진다. 이렇게 물질마다 가지는 고유한 특징은 성질이 될 수 있다. 그러나 많거나 적은 것, 크거나 작은 것, 길거나 짧은 것, 뜨겁거나 찬 것은 고유한 것이 아니라 경우에 따라 달라지는 특징이므로 물질의 성질이 될 수 없다.

성질의 사전적 정의는 다음과 같다.

사람이 지닌 마음의 본바탕(성격, 기질, Temper)
사물이나 현상이 가지고 있는 고유의 특성(특징, Properties, Nature, Quality, Character)

실제로 공학분야에서 물질을 표현할 때는 물질과 물체를 혼용하여 쓰는 경우가 많다. 물질과 물체를 구분해보자.

여기 연필이 있다면 물체일까? 물질일까?

연필은 물체이다. 그러면 물질은 무엇일까? 물질은 나무와 흑연이다. 나무와 흑연은 연필을 만드는 재료이므로 물질이라고 하고, 나무와 흑연으로 만들어진 연필은 물체라고 한다.

물체의 사전적 정의는 다음과 같다.

구체적인 형태를 가지고 있는 것(Tool, Object)
물건의 형체
철학 : 정신이나 의식이 없는 유형물, 삼차원적인 공간을 차지하고 있는 형성물로서, 공간적 피부를 가진 것

물체가 사용되는 예를 들면 다음과 같다.

속도 : 물체가 나아가거나 일이 진행되는 빠르기
빛 : 물체가 광선을 흡수 또는 반사하여 나타내는 빛깔

정리를 하면 물질-장 분석에서 사용되는 물질은 질량을 갖는 자연의 요소인 물질(Substance)로 표현한다. 그리고 여러 가지 물질이 모여서 하나의 물체를 이루고 있으며 물체의 작용 방향에 따라 도구(Tool)와 대상(Object)로 표현한다. 또한 물질은 고유의 특성을 가지고 있으며 Property로 표현한다. 그리고 특성 Property의 값을 Value라고 한다. 공학에서는 물리적 성질(Property)와 가치(Value)를 합쳐서 사양(Specification)(줄여서 Spec.)이라고 한다. 사람에 대해서도 스펙이라는 얘기를 하는데 같은 말이다.

그러면 장(Field)에 대해서 알아보자. 장(場)이란 한자어를 한글로 변환하면 마당이 된다. 영어에서는 Field로 표현한다. 보통 ~한 공간이라고 설명한다. 전기장의 경우에는 '전하를 가져가면 전기력을 미칠 수 있는 공간'이라고 설명할 수 있다.

장의 사전적 정의는 다음과 같다.

물리 : 전기장이나 자기장을 이르는 말(Field)

운동 : 육상경기장의 트랙 안쪽에 만들어진 넓은 경기장. 던지기, 멀리뛰기, 높이뛰기 따위 경기를 한다.

물질세계의 현상을 이해하고 그 안에 있는 법칙을 찾는 것이 물리학의 영역이다. 물리학 분야의 많은 학자들이 연구한 결과에 의하면 물질과 물질 사이에는 중력장, 전자기장, 약핵장, 강핵장 4개의 장이 존재한다고 말한다.

중력장 : 만유인력에 회전력(원심력)이 더해진 힘. 중력이 작용하고 있는 지구 주위의 공간. 일반적으로 지구에 한하지 않고 만유인력이 작용하는 힘의 마당을 이른다.

전자기장 : 전기력과 자기력을 더한 힘. 시간의 흐름에 따라 변화하는 전기장과 자기장은 함께 존재하기 때문에 이와 같이 이른다.

약핵장 : 소립자를 붕괴시키는 함. 불안정한 원자핵이 전자나 양전자 같은 작은 입자를 방출하며 다른 원자핵으로 변하는 과정에서 나타나는 힘

강핵장 : 소립자를 붙여놓는 힘. 원자핵 1 fm = 1 m 속의 짧은 거리에서만 작용하고 양성자들의 전기적 반발력을 이겨내어 핵자들을 원자핵 속에 묶어 놓는 힘

물리학에서의 4개의 장은 자연현상을 설명하 때 사용하는 법칙이라고 할 수 있다.

그러나 공학자의 입장에서 보면 자연의 현상이 중요한 것이 아니라 실제 상황에서 나타나는 현상을 이해하는 것이 중요하고, 생활 속에서 필요한 물체를 개발할 때 방법을 찾는 것이 중요하다. 따라서 자연물의 현상을 설명할 때는 물리학의 4개의 장으로 설명하고. 인공물의 현상을 설명할 때는 물리학의 4개의 장에 더하여 6개의 장으로 설명할 수 있다. 이러한 인공물에 적용되는 6개의 장을 트리즈에서 정리하여 신제품개발이나 제품설계에 적용하고 있다.

- 기계장(Mechanical Field) : 기계적인 상호작용을 의미한다.
- 소리장(Acoustic Field) : 소리와 관계되는 상호작용을 의미한다.
- 열장(Thermal Field) : 열 전달과 관련된 상호작용을 의미한다.
- 화학장(Chemical Field) : 화학반응과 관련된 상호작용을 의미한다.
- 전기장(Electric Field) : 전기의 사용과 관련되어 보이는 상호작용을 의미한다.
- 자기장/전자기장(Magnetic Field) : 자기와 관련된 상호작용을 의미한다.

<표 4.2> 장(Field)의 세부내용

장(Field)	종류
기계장 (Mechanical)	중력, 충돌, 마찰(력), 접촉(Direct Contact)
	진동, 공명, 충격, 파동
	가스/유체 역학(Gas/Fluid Dynamic), 바람(풍력), 압축(Compression), 진공
	기계적 작용(가공, 드릴링 등)
	변형, 혼합(기계적 작용을 위한), 첨가물, 폭발
소리장 (Acoustic)	음성(가청소리:20~20,000 Hz), 초음파, 초저주파(불가청음), 캐비테이션
열장 (Thermal)	가열, 냉각, 단열, 열팽창
	상(Phase/state) 변화, 흡열 반응, 발열 반응
	불, 열복사, 대류(Convection)
화학장 (Chemical)	화학반응, 반응물질, 화학물질, 화합물
	촉매, 억제제, 지시약(PH)
	용해, 결정화, 중합화(Polymerization)
	냄새, 맛, 색변화, PH 등.
전기장 (Electric)	정전하, 전도체, 부도체
	전기장, 전류
	초전도성, 전기분해, 압전현상(효과)
	이온화, 방전, 스파크
자기장/전자기장 (Magnetic/Electro-magnetic)	자기장, 자성물질, 자기유도(Induction)
	전자기파(X-ray, Microwaves 등)
	광학, 시력, 색/투명도 변환(투명, 반투명), 영상

트리즈가 다른 창의적문제 해결 방법과의 가장 큰 차이점 중의 하나는 6개의 장을 활용한다는 것이다. 다른 창의적문제 해결 방법에는 없는 특이한 방법이다. 러시아 트리즈 마스터들의 이야기를 들어보면 6개의 장은 고등학교 교과목에 나오는 일반적인 내용으로 쉽게 이해할 수 있는 내용들이다. 트리즈를 학습하면서 과학적 사고를 하게 되는 시점이 장을 이해하고자 하는 시기라고 할 수 있다.

마스터들은 6개 장을 매트켐(MATCEM)으로 암기한다. 즉, 기계장(Mechanical Field), 소리장(Acoustic Field), 열장(Thermal Field), 화학장(Chemical Field), 전기장(Electric Field), 자기장(Magnetic Field)의 6개를 MATCEM(매트켐)으로 축약해 암기하는데 암기도 쉽고 시간이 지나도 쉽게 잊어버리지 않게 될 것이다.

이제 6개의 장을 통해 문제를 해결한 사례를 알아보자. 트리즈에서 가장 많이 사용되는 사례는 파리를 잡는 법이다.

① 기계장(Mechanical Field) : 파리를 기계적인 상호작용으로 잡는 법 → 파리채 등
② 소리장(Acoustic Field) : 파리를 소리와 관계되는 상호작용으로 잡는 법 → 음파 등
③ 열장(Thermal Field) : 파리를 열전달과 관련된 상호작용으로 잡는 법 → 불 등
④ 화학장(Chemical Field) : 파리를 화학반응과 관련된 상호작용으로 잡는 법 → 끈끈이 등
⑤ 전기장(Electric Field) : 파리를 전기의 사용과 관련되어 보이는 상호작용으로 잡는 법 → 전기스파크 등
⑥ 자기장(Magnetic Field) : 파리를 자기와 관련된 상호작용으로 잡는 법 → 자외선 등

6개의 장을 이용하여 파리를 잡는 법을 이해했으면, 모기를 잡을 때도 같은 방법을 사용하면 될 것이다. 코로나19 같은 바이러스를 잡을 때도 적용할 수 있다. 반대로 생물을 성장할 수 있는 방법으로도 적용할 수 있다.

6개의 장이 물질 간의 상호작용에 중요한 영향을 미치기 때문에 6개의 장을 응용하여 물질간의 다양한 문제를 해결하는데 매우 탁월한 효과를 볼 수 있다.

그러면 혹시 6개의 장이 인간과 인간의 상호작용에도 중요한 영향을 미치지 않을까? 인간의 행동을 변화시키는데도 6개의 장이 적용될 것으로 보인다.

우리 주변에서 친밀도를 높이기 위한 상호작용을 6개의 장으로 설명해 보자.

① 기계장(Mechanical Field): 마찰, 접촉 등으로 지속되는 관계
② 소리장(Acoustic Field): 목소리, 음악 등으로 지속되는 관계
③ 열장(Thermal Field): 가열, 냉각 등으로 지속되는 관계
④ 화학장(Chemical Field): 냄새, 맛 등으로 지속되는 관계
⑤ 전기장(Electric Field): 방전, 스파크 등으로 지속되는 관계
⑥ 자기장(Magnetic Field): 영상, 색깔 등으로 지속되는 관계

이제 물질과 장에 대해 이해를 하였으니, 물질과 장의 관계를 분석해본다. 물질과 장을 분석하기 위해서 물질-장 모델을 만든다. 물질-장 모델은 물질과 장의 관계를 모델로 표현한 것이다. 물질-장 모델은 물질과 물질 사이에 장이 상호작용하는 것을 표현한 것으로 다음과 같이 이미지로 표현한다.

<물질-장 모델>

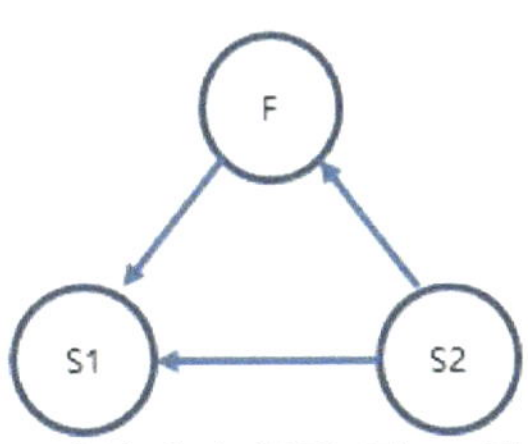

<정상적인 물질-장 모델>

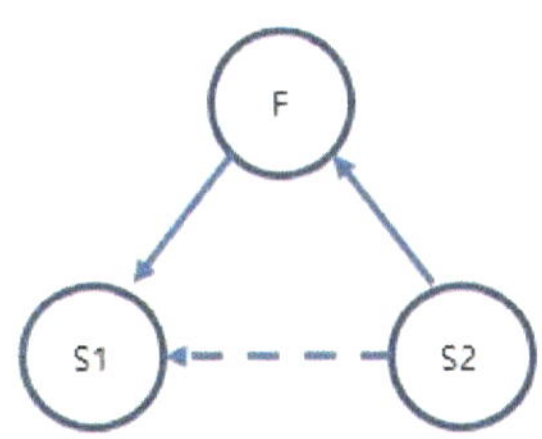

<부족한 물질-장 모델>

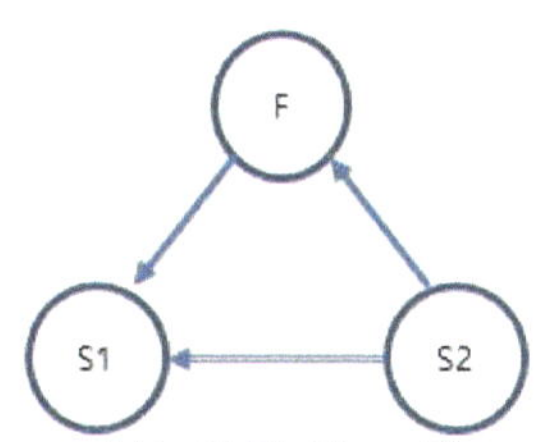

<과한 물질-장 모델>

<없는 물질-장 모델>

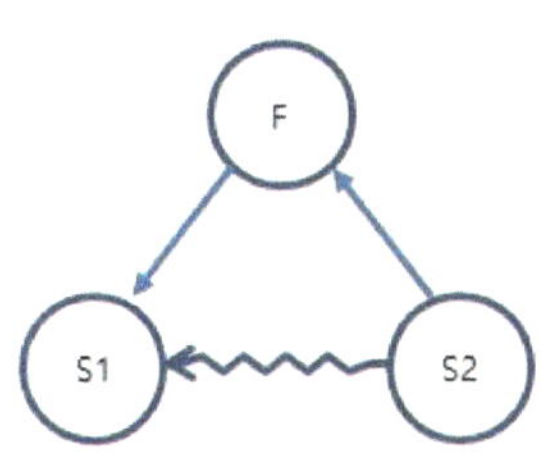

<유해한 물질-장 모델>

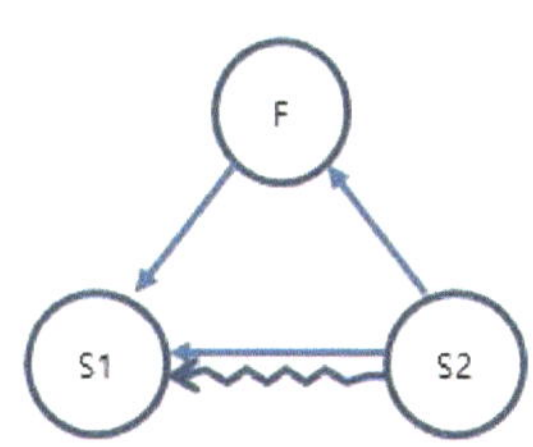

<모순된 물질-장 모델>

물질-장 모델은 일반적으로 다음과 같이 6가지의 패턴으로 분류할 수 있다.

① 정상적인 물질-장 모델 : 물질간의 상호관계가 정상적인 상태
② 부족한 물질-장 모델 : 물질간의 상호관계가 부족한 상태
③ 과한 물질-장 모델 : 물질간의 상호관계가 너무 과한 상태
④ 없는 물질-장 모델 : 물질간의 상호관계가 없는 상태
⑤ 유해한 물질-장 모델 : 물질간의 상호관계가 유해한 상태
⑥ 모순된 물질-장 모델 : 물질간의 상호관계가 유익한 것과 유해한 것이 동시에 있는 상태

물질-장 모델을 관계의 순서대로 나타내면 다음과 같다.

① 없는 물질-장 모델 : 물질간의 상호관계가 없는 상태
② 부족한 물질-장 모델 : 물질간의 상호관계가 부족한 상태
③ 정상적인 물질-장 모델 : 물질간의 상호관계가 정상적인 상태
④ 과한 물질-장 모델 : 물질간의 상호관계가 너무 과한 상태
⑤ 모순된 물질-장 모델 : 물질간의 상호관계가 유익한 것과 유해한 것이 동시에 있는 상태
⑥ 유해한 물질-장 모델 : 물질간의 상호관계가 유해한 상태

물질간의 상호관계를 수식으로 표현한다면 문제의 원인을 빨리 파악할 수 있을 것이다. 만약에 화재가 발생했다면 화재의 원인을 찾아내는 것이 중요하다. 그러면 반대로 화재가 발생하려면 어떻게 하면 되는가를 살펴보면 된다. 화재가 발생하려면 연소할 물질, 산소, 열이 있어야 된다. 이것을 함수로 표현하면 다음과 같다.

화재 = F(물질, 산소, 열).

그래서 세상의 문제가 발생하면 함수로 표현하여 해결하는 것이 과학적 사고이다. 물질, 산소, 열의 관계는 어떤 관계인지를 좀 더 구체적으로 알면 화재를 해결하는데 큰 도움이 되기 때문에 물질간의 상호관계를 함수로 표현하고자 하는 시도가 과학을 발전시켰다고 할 수 있다.

정상적인 물질 간의 상태에서 장의 작용도 6가지 상태로 분류할 수 있다.

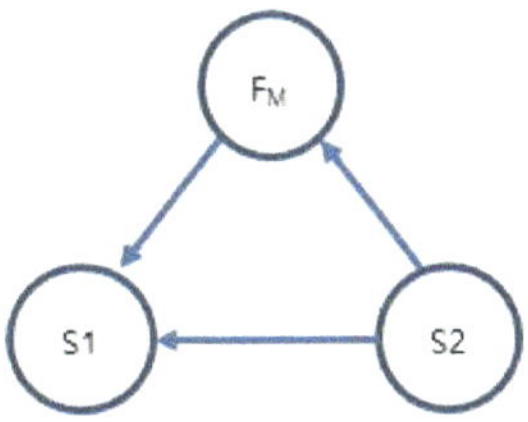

<물질-장(기계)모델>

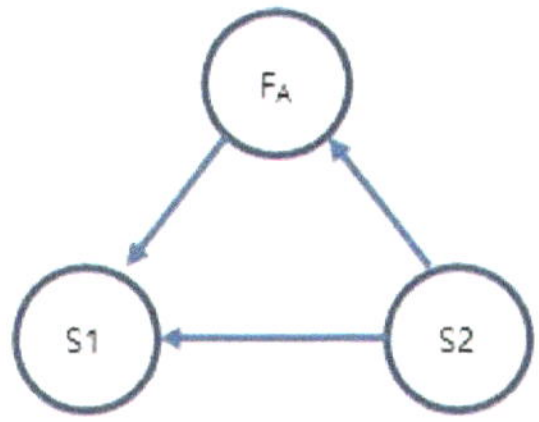

<물질-장(소리)모델>

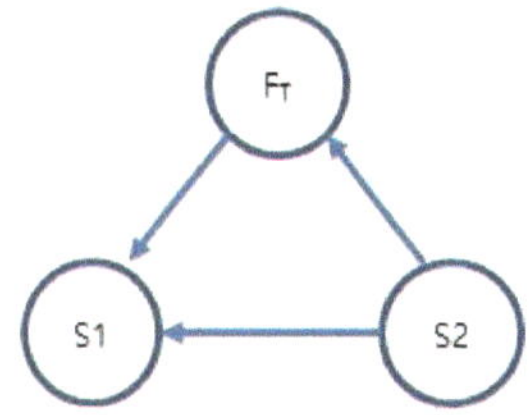

<물질-장(열)모델>

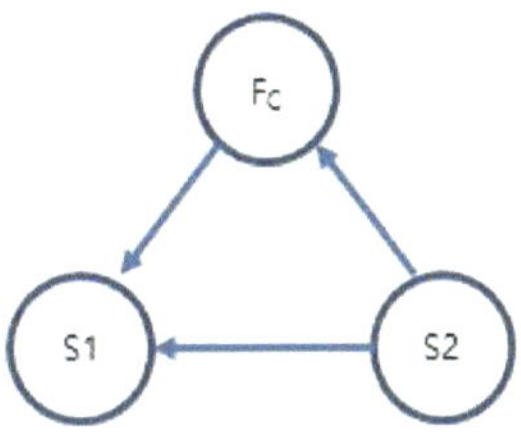

<물질-장(화학)모델>

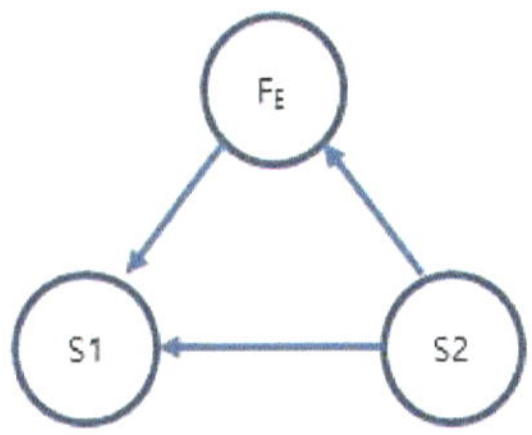

<물질-장(전기)모델>

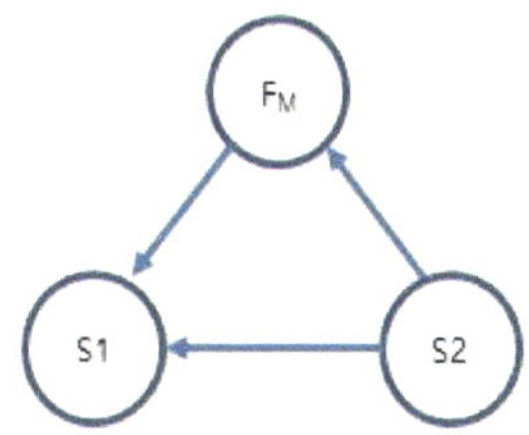

<물질-장(자기)모델>

물론 부족한 물질-장이나, 과한 물질-장이나, 없는 물질-장이나, 유해한 물질-장이나, 모순된 물질-장에서도 기계장, 소리장, 열장, 화학장, 전기장, 전자장을 적용할 수가 있다.

이제 물질-장 모델을 이해했으니, 실제 상황에서 물질-장 분석을 하기로 하자.

물질-장 모델을 현재 상황에 적용하여 분석하는 것을 물질-장 분석이라고 한다.

트리즈를 공부하다 보면 가장 기본적인 상황으로 설명되는 것이 망치이다. 망치로 못을 박는 상황을 물질-장 모델로 분석해 보면 다음과 같다.

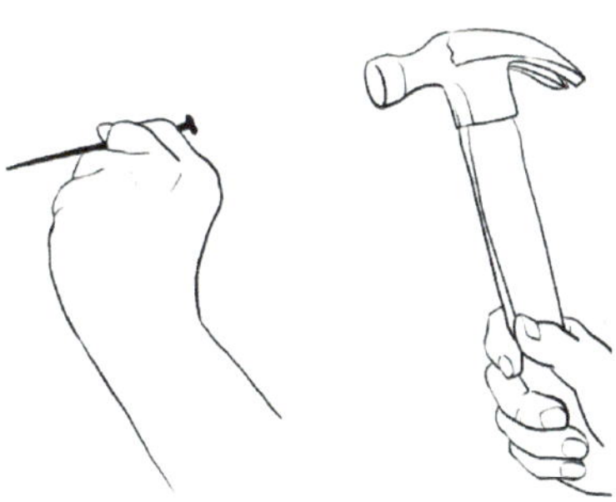

망치로 못을 박는 상황

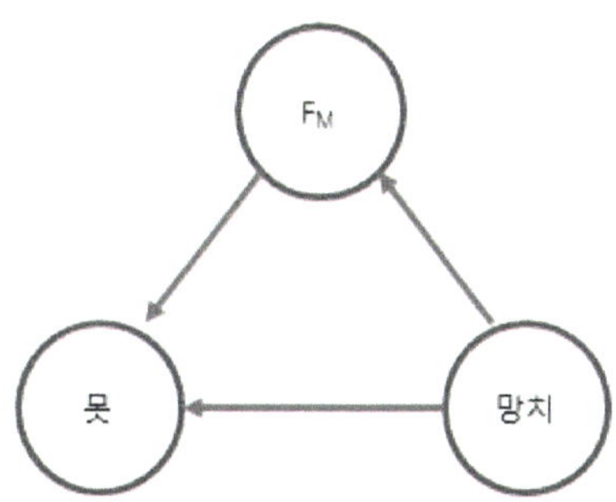

<물질-장(기계) 정의>

<그림 4.5> 물질-장 문제모델

<그림 4.5>는 망치로 못을 박는 상황을 표현한 것이다. 이 상황을 물질-장 모델로 표현하면 <그림 4.6>과 같다. S2는 망치이고, S1은 못이다. 그리고 FM은 기계장이다. '기계장의 환경에서 망치가 못을 박는다.'를 모델링한 것이 <그림 4.6> 이다. 여기서 물질-장 분석을 하려면 기본적으로 다음의 3가지를 분석해야 한다.

① 도구 분석 : S2인 도구를 분석한다. 여기서는 망치이다. 망치의 외부적 특성과 내부적 속성을 분석한다.
② 작용 분석 : 작용을 분석한다. 여기서는 '박는다.'이다. 기계적작용으로 박는 것이다.
③ 대상 분석 : S1인 대상을 분석한다. 여기서는 못이다. 못의 외부적 특성과 내부적 속성을 분석한다.

물질-장 모델을 분석하면 문제 상황을 기술할 수 있다. 도구, 대상, 작용의 순서대로 3가지의 내용을 차례대로 분석해 보자.

도구 분석 : 망치의 면이 둥글어서 못을 칠 때 정확성이 떨어진다. 망치의 손잡이가 자주 빠진다. 망치의 손잡이가 부러진다. 망치 무게가 무겁다. 망치의 힘이 약하다 등

작용 분석 : 기계 작용을 생각해 본다. 망치로 못을 칠 때 정확하게 치기 위해 못을 잡은 손을 칠 수 있다. 망치로 못을 칠 때 충격이 크다. 위에서 아래로 박을 때는 쉽지만, 수직으로 박을 때는 힘이 든다. 무게중심을 잡기가 어렵다 등

대상 분석 : 못은 나무 못, 시멘트 못, 나사 못으로 구분할 수 있는데 시멘트 못은 부러지기 쉽다. 시멘트 못이 부러지면 어디로 튈지 몰라서 불안하다. 시멘트 못이 튀어 사람에게 상처를 줄 수 있다. 너무 깊게 박으면 빼기가 어렵다 등

물질-장 모델을 분석하면 문제를 나열하는데 상당한 효과가 있다. 누구나 그 분야의 전문가가 아니더라도 빠짐없이 문제 상황을 이해하기가 용이하다. 이제 문제를 알았으니 해결 해 보자. 해결하는 방법도 마찬가지로 3가지의 내용을 차례대로 적용하면 된다.

도구 분석 : 망치의 형상을 둥글게 하여 못의 형상과 유사하게 만든다. 망치와 손잡이를 일체형으로 만든다. 망치의 손잡이 재료를 나무에서 철로 바꾼다. 망치 손

잡이의 무게중심을 이동하기 쉽도록 빈 공간에 구슬을 넣는다 등

작용 분석 : 못을 잡은 손 대신에 잡는 지그를 개발한다. 펜치로 못을 잡는다. 기계 작용을 소리 작용-열 작용-화학 작용-전기 작용-전자 작용으로 변경한다 등

대상 분석 : 못이 부러지지 않도록 밋밋한 면을 주름면으로 변경한다. 벽에 미리 작은 구멍을 뚫어서 못을 박는다 등

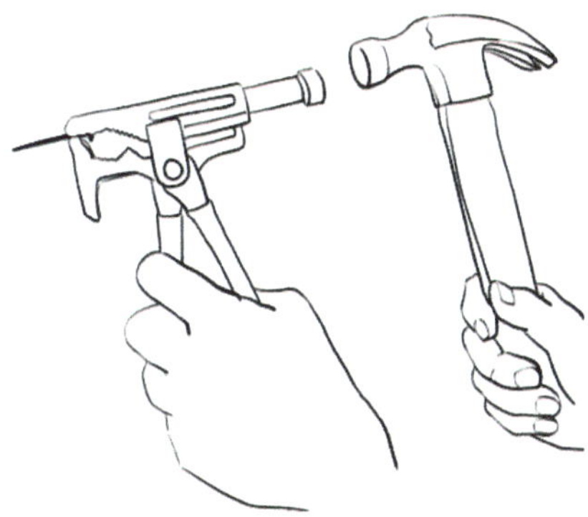

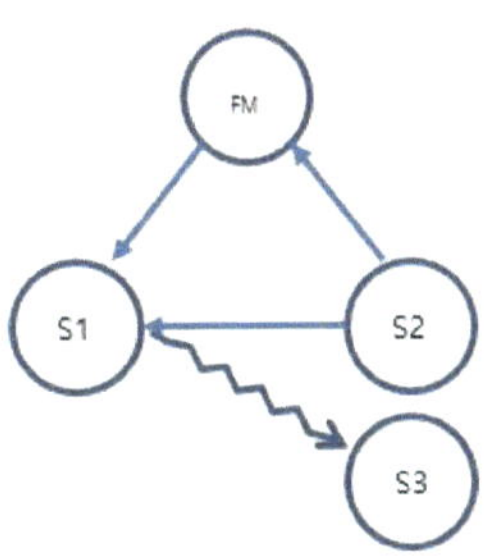

<물질-장(기계)분석:문제>

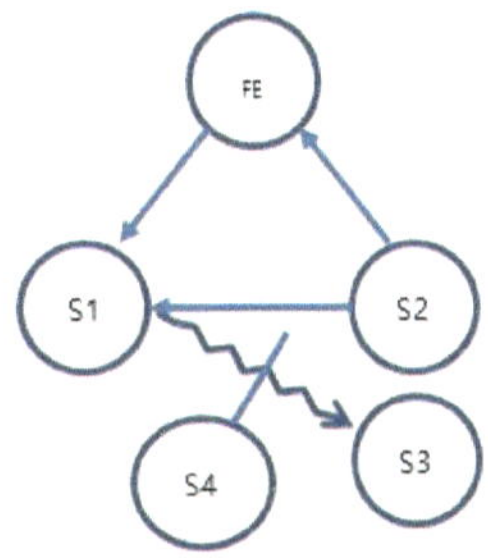

<물질-장(전기)분석:해결>

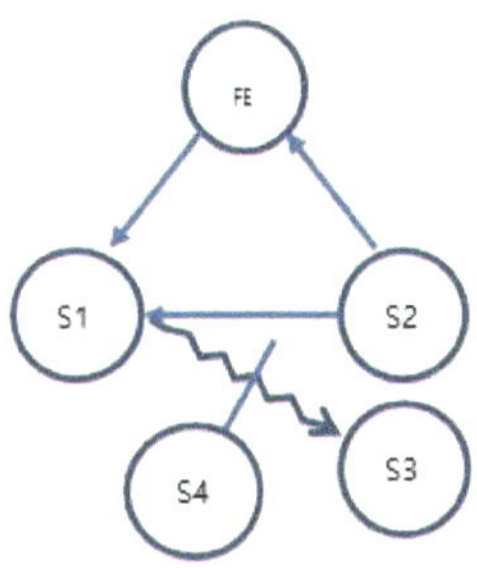

<물질-장(전기)분석:해결>

<그림 4.6> 물질-장 해결모델

물질-장 분석을 통해 문제 상황을 분석하면 <그림 4.5>와 같다. S2인 망치가 S1인 못을 기계작용으로 박는 상황에서 S1인 못이 S3인 손을 다치게 하는 상황이다.

물질-장 분석을 통해 해결 상황을 분석하면 <그림 4.6>과 같다. FE인 전기 드릴로 미리 구멍을 뚫은 후 S2인 망치가 S1인 못을 박고, S1인 못이 S3인 손을 다치게 하지 않도록 집게 망치인 S4를 추가하면 해결되는 문제이다.

이제 물질-장 분석을 정리해 보자. 물질-장 분석을 위해서는 물질-장 모델을 제시할 수 있어야 하고 물질-장 모델을 제시하려면 도구인 물질과 대상인 물질을 알아야 하고, 물질과 물질 사이에 작용하는 장의 형태를 알아야 한다.

그러면 알트슐러가 제시한 문제 해결의 4단계를 먼저 정리해 보자.

트리즈 문제 해결 기본 개념도

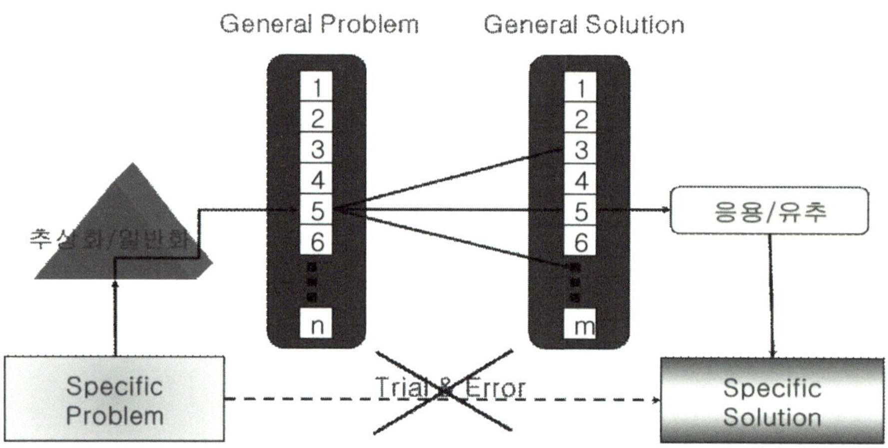

<그림 4.7> 트리즈 문제 해결 기본 개념도

문제 해결의 4단계

① 1단계 : Specific Problem(특수문제)
② 2단계 : General Problem(일반문제)
③ 3단계 : General Solution(일반해)
④ 4단계 : Specific Solution(특수해)

1단계인 특수문제 단계에서 현실적인 문제 상황을 파악하고(Specific Problem) 바로 4단계인 특수해 단계에서 현실적인 해결안을 적용하려고(Specific Solution) 시도하는 사람들이 있을 것이다. 이럴 경우에는 시행착오(Trial & Error)를 거치게 된다. 물론 탁월한 천재가 있어서 문제상황에서 바로 해결안을 찾아내는 능력이 있는 사람이거나, 이미 답이 존재하는 문재라면 그렇게 할 수도 있겠다. 그러나 대부분의 사람들은 시행착오를 수십 번 아니 수백 번을 시도해도 해결안을 찾기가 어려운 것이 현실이다. 그래서 알트슐러는 계단을 올라갈 때 한 번에 다섯 칸씩 올라갈 수 없기 때문에 한 칸씩 순서대로 올라간다면 누구나 손쉽게 계단을 오를 수 있다고 설명한다.

문제 해결의 각 단계에 물질-장 모델을 적용해 보자. 각 단계별로 도구, 작용, 대상, 장(Field)을 적용하면 다음과 같이 표현할 수 있다. 여러분들도 각자 고민하는 문제를 물질-장 문제 해결모델로 해결해 보자. 물질-장 문제 해결모델의 각 단계별로 양식을 따라 작성해보면 큰 도움이 될 것이다.

<표 4.3> 물질-장 문제 해결모델

	1단계 : Specific Problem (특수문제)	2단계 : General Problem (일반문제)	3단계 : General Solution (일반해)	4단계 : Specific Solution (특수해)
도구 정의				
작용 정의				
대상 정의				
장(Field) 정의				

물질-장 분석을 통해 물질과 장을 변화하면서 문제를 해결할 수 있다.

트리즈에서는 물질-장의 변화 패턴을 찾아서 76가지 표준해법을 제시하고 있다. 76가지 표준해법은 트리즈 2수준에서 체계적으로 접근하는 방법을 제시하고자 한다.

76가지 표준해법을 공부하게 된다면 천재들이 생각하는 방식을 이해하게 될 것이다. 현실적으로 나타나는 복잡한 문제를 76가지 패턴으로 단순화하여 제시할 수 있다. 더 나아가 76가지 패턴을 5가지 클래스로 단순화하여 제시할 수 있는 방법이다.

Chapter 5.
모순(Contradiction)

5.1 모순(Contradiction)의 개념
5.2. 기술적 모순(Technical Contradiction)과 해결 방법
5.3 물리적 모순(Physical Contradiction)과 해결 방법

5.1 모순(Contradiction)의 개념

모순 문제는 그 분야에 대한 전문지식을 가지고 있다고 해도 해결안을 찾는 것이 쉽지 않은 난제(難題)이다. 트리즈 전문가들은 모순을 가지고 있는 복잡한 문제를 해결한 사례를 특허 분석을 통해 연구하였다. 그리고 모순을 창의적으로 해결할 수 있는 전략을 발견하고 트리즈 이론을 개발하였다. 모순적 문제란 무엇이고, 어떻게 모순을 창의적으로 해결할 수 있는지 알아보도록 하자.

모순의 이해

의료분야에서 사용되는 액체상태의 주사약은 산화 및 변질을 막기 위해 유리로 된 앰플(Ample)에 넣어 보관된다. 주사약 제조 공정에서 유리로 된 앰플 안에 약을 넣고 유리 앰플의 윗부분을 가열하여 봉합하는 공정에서 문제가 발생했다. 앰플의 유리를 봉합하기 위해 토치를 이용해 가열을 할 때 많은 열을 가하면 유리가 쉽게 연화 되어 봉합이 잘된다. 그런데 이때 앰플 안에 있는 약이 고온의 열에 의해 손상을 받게 된다. 반대로 토치의 불꽃을 약하게 하면 약은 손상이 되지 않지만 온도가 낮아 유리로 된 앰플 상부의 봉합이 잘 되지 않는다. 이런 형태의 문제를 어떻게 해결할 수 있을까?

<그림 5.1> 앰플 봉합 공정

먼저 시도해 볼 수 있는 방법은 반복된 실험을 통해 봉합은 되지만 약을 손상시키지 않을 수 있는 최적화 온도를 찾는 것이다. 만일 최적화 기법을 이용하여 의약품을 손상시키지 않고 앰플의 봉합을 잘 할 수 있는 온도를 찾는다면 아주 좋은 해결안이 될

것이다. 그러나 불행히도 많은 시스템에서 최적화 해결안이 두 가지 특성을 다 좋게 만들어 주는 것이 아니라 이것도 저것도 아닌 어정쩡한 결과를 만드는 경우가 많다. 봉합이 완벽하지는 않지만 약물 손상이 심하게 발생하지 않게 불꽃의 세기를 조절하거나, 약이 완벽하게 보호되지는 않지만 봉합 불량은 피할 수 있는 그런 온도를 찾아서 공정을 진행할 때가 많다. 그러한 해결안은 공정을 진행하는 과정에서 제품의 품질을 떨어뜨린다. 이처럼 "한 특성을 개선할 때 다른 특성이 나빠지는 경우"를 모순(Contradiction)이라고 한다.

앰플약 제조 공정에서 발생한 모순은 토치 불의 온도를 높여 앰플 봉합을 잘 하면 약이 손상되고, 온도를 낮추어 약이 손상되지 않게 하면 봉합이 잘 되지 않는다는 것이다. 이러한 문제를 만나면 심리적으로 위축되고 두 가지 특성을 적절한 수준에서 타협하여 중간적 온도를 찾는 방법으로 문제를 해결하기 쉽다.

하지만 최적의 해결안은 두 가지의 특성을 모두 좋게 만드는 것이다. 봉합이 완벽하게 되고 앰플 안의 약품도 전혀 손상이 되지 않는 방법을 찾는 것이 창의적인 해결안이 될 수 있다.

트리즈는 이러한 모순적 문제에서 두 가지 특성을 다 만족시킬 수 있는 창의적인 모순 해결 방법을 가르쳐 준다.

모순 해결법을 이해하기 위해 우리가 일상생활 속에서 만날 수 있는 모순의 유형에 대하여 이해하여야 할 것이다. 트리즈는 모순의 유형을 크게 행정적 모순, 기술적 모순 그리고 물리적 모순으로 구분하고 있으며 이에 대한 해결 방법을 제시하고 있다.

행정적 모순이란 요구되는 결과를 얻기 위해 무엇인가를 해야 하는데 어떻게 해야 할지 모르는 경우와 같은 갈등적 상황을 말한다. 즉, 기업 등에서 광고비는 줄이고 매출액을 높여야 하는데 어떻게 해야 할지를 모를 경우, 제조업을 하는 회사에서 비용은 줄이고 품질을 높여야 되는 문제를 해결해야 되는 상황 등이다.

행정적 모순에 의해 발생된 갈등을 해결하기 어려운 경우 일반적으로 매뉴얼이나 표준화 등의 방법으로 해결하도록 한다. 이를 관리적 모순으로 표현할 수도 있다.

트리즈에서는 행정적 모순을 해결하기 위해서는 그 안에 숨어 있는 기술적 모순을 분석하여 해결하는 것이 효율적이며, 더 좋은 방법은 물리적 모순을 분석해서 문제를 해결하는 것이다.

행정적 모순

문제를 해결할 수 없는 zone으로써 물리적 모순을 발견할 때까지 문제를 좀 더 명확하게 분석하기도 한다.

기술적 모순

문제를 해결할 수는 있지만 그 정확도와 효율이 높지 못하다. 물리적 모순을 찾을 때까지 더 분석해야 하는 단계이다

물리적 모순

문제를 해결할 확률이 매우 높은 단계로써 한 시스템에 요구하는 두 가지 극과 극의 단계를 잘 해결해 주면 되는 것이다.

<그림 5.2> 모순의 유형

5.2 기술적 모순(Technical Contradiction)과 해결 방법

기술적 모순이란 어떤 특정한 방법을 사용하여 시스템의 한 가지 특성을 향상시켰더니, 그 특성은 좋아 졌지만 시스템의 다른 특성이 나빠지는 상황을 말한다.

자동차 개발 시 발생할 수 있는 기술적 모순 사례: 엔진의 용량을 늘려 가속 성능을 좋게 만들었더니, 자동차 연비가 나빠진다. 반대로 엔진의 용량을 줄여 연비를 개선했더니, 자동차의 가속 성능이 떨어진다.

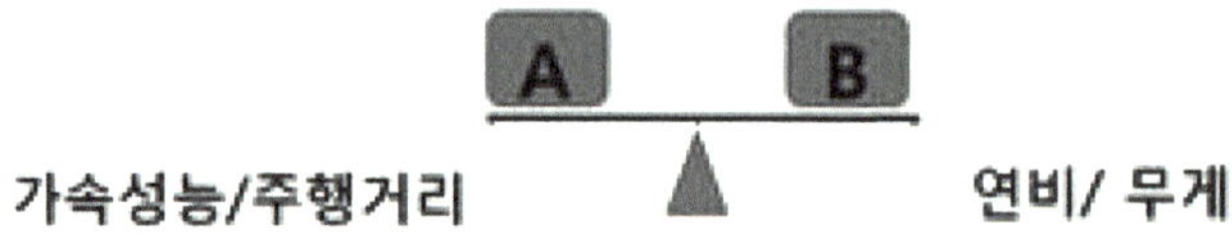

<그림 5.3> 기술적 모순의 예

자동차에 있어서 중요한 특성 파라미터 중 하나로 가속 성능 즉 제로-백(0-100 km/h)이라는 것이 있다. 멈춘 상태에서 100 km/h(시속 100 km)의 속도에 도달하는 시간을 제로-백이라 한다.

보통 일반적인 차량은 제로-백이 10초 내외이다. 사람들이 가속 성능이 높은 자동차를 선호하기 때문에 자동차 회사는 제로-백을 줄이기 위해 다양한 노력을 기울이고 있다. 제로-백을 4초대나 5초대로 낮추기 위해서 엔진의 배기량을 늘이면 연비가 나빠지게 된다. 반대로 연비를 개선하기 위해 엔진의 배기량을 줄이면 가속 성능이 떨어진다. 이러한 상황을 트리즈에서는 기술적 모순(Technical Contradiction)이라고 한다.

다시 말하면 시스템에서 하나의 특성을 개선하면 다른 특성이 나빠지는 상황이 발생하는 것이다(연비와 가속 능력이라는 두 가지 특성 파라미터가 충돌되어 한 가지를 개선하면 다른 특성이 나빠지는 경우).

자동차 사례의 기술적 모순을 다음과 같이 인과관계 도식으로 표현해 보자.

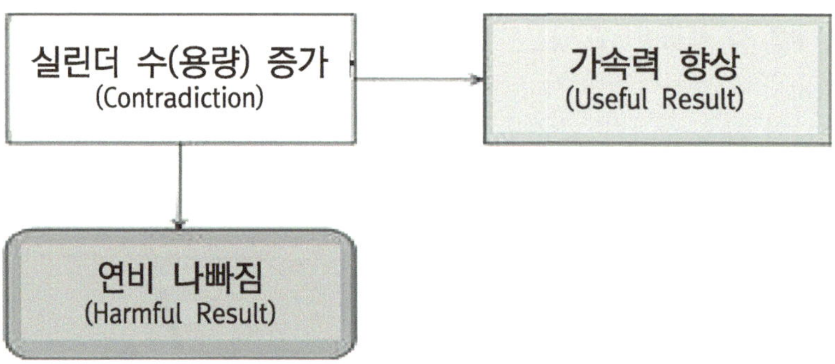

<그림 5.4> 기술적 모순의 인과관계도

인과관계 도식에서 보듯이 문제 해결에 있어서 어떤 노력을 했을 때 좋은 결과(Useful Result)와 해로운 결과(Harmful Result)가 동시에 발생하는 문제를 기술적 모순(Technical Contradiction)이라고 정의한다.

의약품을 유리 앰플에 보관하기 위해 토치의 온도를 증가시키면 앰플 봉합이 잘 되지만 약품이 손상되는 사례를 도식화하면 다음과 같다.

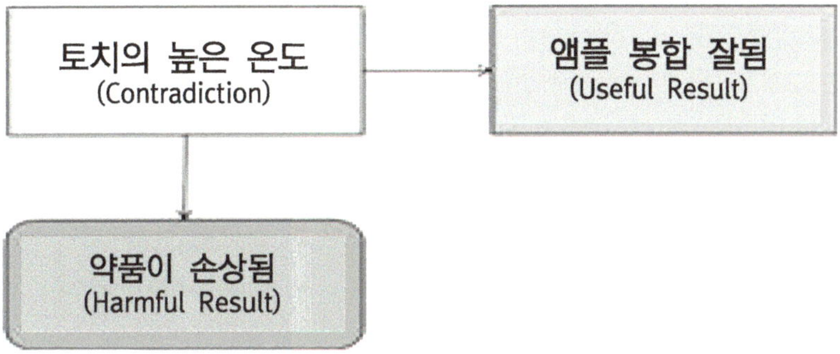

<그림 5.5> 유리 앰플 모순의 인과관계도

기술 시스템에서의 문제뿐만 아니라 일상생활 속에서도 이런 모순적 상황에 처할 때가 있다. 예를 들면, 돈을 투자할 때 일반적으로 두 가지의 상품이 존재한다. 큰 위험(High Risk)을 가지고 있지만 고수익(High Return)을 가져다 줄 수 있는 상품(상품A)과 안정적이지만 낮은 수익을 보장해 주는 상품(상품B)이 그것이다.

내가 가지고 있는 돈을 상품A에 투자하면 많은 돈을 벌 가능성이 있지만 손실의 위험을 가지고 있다. 하지만 상품B에 투자한다면 위험은 없지만 수익이 낮다. 이런 경우의 기술적 모순은 다음과 같이 묘사할 수 있다 : 상품A에 투자하면 고 수익을 기대할 수 있지만 위험이 크고, 상품B에 투자하면 위험이 작지만 저 수익을 얻는다.

기술적 모순은 우리가 A를 개선하고자 어느 방법(수단)을 선택하면 A라는 특성은 좋아지지만 B라는 다른 특성이 나빠지는 갈등적 상황으로 이해할 수 있다. 즉 기술적 모순은 우리가 원하는 두 가지 특성이 서로 상충되어 어떤 선택을 해야 할지를 고민하게 만드는 문제이다.

이러한 기술적 모순을 가지고 있는 문제를 만나면 일반적으로 다음과 같은 선택을 하게 된다.

첫째, 한 가지 특성을 얻을 수 있는 방법을 선택하고 다른 특성은 포기한다. 자동차의 예를 들면 연비를 포기하고 가속력이 좋은 스포츠카를 개발하거나, 반대로 가속력이 부족해도 연비가 좋은 차를 개발하는 것이다.

둘째, 적당한 타협안을 선택한다. 즉, 두 가지 특성을 적당히 만족시킬 수 있는 중간값을 선택한다. 때로는 이러한 타협안 도출 방법을 최적화(Optimization)라고 부르기도 한다. 최적화란 설계 변수를 합리적으로 결정하여 전체의 효율·성능·경제성 등을 최적화하는 것으로 정의할 수 있다. 즉 관심 대상 특성들이 선택된 평가기준 하에서 최선의 균형을 갖도록 설계 변수의 값을 결정하는 방법을 말한다. 최적화를 위한 다양한 방법론이 개발되어 있지만 결과적으로 최적화란 효율이 가장 높은 타협안을 찾는 것을 의미한다.

트리즈에서는 모순을 해결하기 위해 하나의 특성을 포기하고 한 가지 특성에 집중하는 선택과 포기 방법이나, 타협안을 찾는 최적화 방법을 사용하지 않는다.

모순을 해결하는 발명 원리를 개발하여 두 가지 특성 모두를 얻을 수 있는 창의적 해결안을 찾는다. 이것이 트리즈가 가진 혁신적인 문제 해결 방법이다.

40가지 발명 원리 - 기술적 모순 해결 방안

기술적 모순을 가지고 있는 문제에서 상충되는 두 가지 특성 모두를 만족시킬 수 있는 창의적 해결 방법을 40가지 발명 원리(40 Inventive principle)라고 부른다.

발명 원리는 알트슐러가 4만 건 이상의 특허를 분석하여 찾아낸 원리이다(이후 그의 제자들이 합류하여 20만 건 이상의 특허를 분석하였다). 그는 특허 분석을 통해 기술적 모순을 가지고 있는 문제에서 두 가지 특성 모두를 개선할 수 있는 창의적 아이디어 패턴이 존재하는 사실을 알아내었다. 가장 빈번하게 사용된 창의적 문제 해결 패턴을 정리한 것이 40가지 발명 원리이다.

40가지 발명 원리가 무엇인지 이해하기 위해 몇 가지 예를 들어 설명해 보자.

대형 마트에서 사용하는 쇼핑 카트를 크게 제작하면 손님들이 물건을 많이 담을 수 있어서 손님들에게 편리하고 마트 주인의 입장에서 매상을 높이는데 도움이 된다.

하지만 쇼핑 카트가 크게 되면 평상시 빈 카트를 보관을 하는데 넓은 공간을 차지하게 되어 공간 활용이 비효율적이 된다. 손님들의 편리를 위하고 매상을 높이기 위해서는 크기가 큰 카트를 만들어야 하지만 보관 장소가 넓어야 한다는 문제를 만든다. 반면에 작게 만들면 평소 보관하기 위해 큰 공간이 필요 없지만, 손님들이 쇼핑을 하는데 불편하고 매상을 올리는 데도 나쁜 영향을 미친다.

이러한 기술적 모순을 해결하기 위해 7번째 발명 원리인 포개기(Nesting) 원리를 사용하면 된다. 즉 쇼핑 카트를 포개어 보관할 수 있도록 설계하여 크게 만들면 두 가지 특성(카트가 물건을 많이 담을 수 있게 크면서 보관할 때는 큰 공간을 차지하는 불편함을 해소할 수 있는)을 만족시키는 창의적 해결안이 된다.

<table>
<tr><td>1. 분할
쪼개기(Segmentation)
쪼갠다/나누어 쉽게 만든다</td><td>2. 추출
(Extraction)
필요한 요소/ 특성만 뽑아낸다</td><td>3. 국부적 성질
(Local Quality)
전체를 똑같이 할 필요없다</td><td>4. 비대칭, 차별화
(Asymmetry)
대칭을 비대칭으로, 비대칭 정도 증가</td></tr>
<tr><td>5. 통합, 융합
(Merging, consolidation)
객체를 통합한다,함께 작용토록 융합</td><td>6. 多기능, 다용도
(Multifunction, Universality)
여러 용도로 사용한다, 표준화 한다</td><td>7. 포개기, 마트료쉬카
(Nesting)
객체를 또 다른 객체 안에 넣는다</td><td>8. 평형추. 힘을 상쇄
(Anti-Weight)
힘의 균형</td></tr>
<tr><td>9. 사전 반대 조치
(Prior anti action)
미리 반대조치를 취한다</td><td>10. 사전 준비조치
(Prior Action)
사전 준비조치 취함</td><td>11.사전 예방조치, 사전 방지
(Beforehand Compensating)
미리 예방조치를 취한다</td><td>12. 등위성 . 높이 맞추기
(Equipotentiality)
수평 이동, 같은 수준</td></tr>
<tr><td>13. 반대로 하기, 거꾸로 하기
(Do It Reverse)
반대로 해본다, 거꾸로 하기, 역방향</td><td>14. 곡선化
(Curve, Spheroidicity)
직선을 곡선, 나선형, 구형 구조물</td><td>15. 역동성
(Dynamicity)
부분/단계마다 최적화. 움직임</td><td>16. 많거나 적게 조치,
(Partial or Excessive Action)
'조금 더', '조금 덜' 방법으로 해결</td></tr>
<tr><td>17. 차원 변경,
(New ·Another Dimension)
다차원 분석,다른 차원으로 전환</td><td>18. 진동
(Mechanical Vibration)
진동운동. 공명 이용</td><td>19. 주기적 조치
(Periodic Action)
주기적 운동</td><td>20. 유용한 조치의 지속 유지
(Continuity of Useful Action)
계속 유용하게, 지속적인 유지활동</td></tr>
<tr><td>21. 고속 처리
(Hurrying)
빠르게 처리하기</td><td>22. 해로운 것을 유익한 것으로
(Convert Harm Into Benefit)
유해한 것은 좋은 것으로 바꾼다.</td><td>23. 피드백
(Feedback)
피드백 하기</td><td>24. 중간 매개물
(Intermediary)
직접하지 않고 중간 매개물 이용</td></tr>
<tr><td>25. 셀프 서비스
(Self-service)
스스로 하기. 자원 재활용</td><td>26. 복제
(Copy)
복사물 활용</td><td>27. 일회용품, 싼 물건 이용
(Cheap Short-Living Objects)
한번 쓰고 버린다</td><td>28. 기계 시스템의 대체
(Replacing Mechanical System)
광학적, 음향적 시스템 전환. 전자기장</td></tr>
<tr><td>29. 기체-액체 구조물
(Fluid, Pneumatics)
고체를 유동적인 물질로 바꿈</td><td>30. 얇은 막
(Flexible and Thin Films)
유해한 환경으로부터 대상을 격리</td><td>31. 다공성 물질
(Porous Material)
다공성(구멍, 삽입물)으로 만든다</td><td>32. 색상 변경
(Color Changes)
물체나 환경의 색깔 변화 활용</td></tr>
<tr><td>33. 동질성
(Homogeneity)
기왕이면 같은 재료를 사용한다</td><td>34. 폐기 및 재생
(Discarding and Recovering)
다 쓴 것은 버리거나 복구한다.</td><td>35. 물리-화학 특성 변화
(Parameter Changes)
물리 화학적 특성을 변화시킴</td><td>36. 상전이
(Phase Transition)
물질의 상전이 시 발생하는 특성 활용</td></tr>
<tr><td>37. 열팽창
(Thermal Expansion)
열팽창 활용</td><td>38. 강 산화제
(Strong Oxidants)
일반 환경을 활성화된 환경으로 바꾼다.</td><td>39. 불활성 환경
(Inert Atmosphere)
환경을 불활성환경으로 바꾼다.</td><td>40. 복합재료
(Composite Materials)
복합 재료를 사용</td></tr>
</table>

<그림 5.6> 40가지 발명 원리

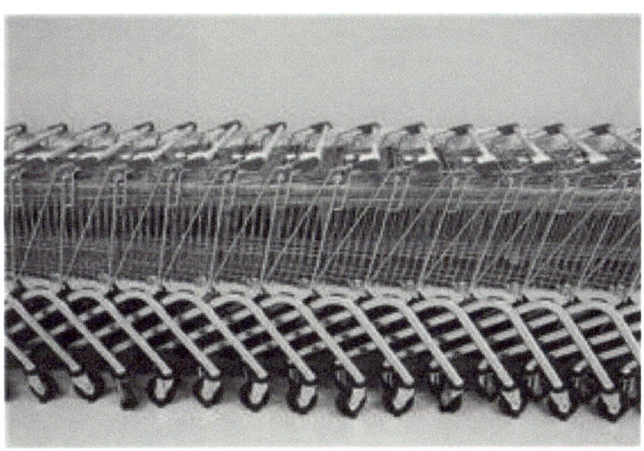

<그림 5.7> 대형 마트의 카트

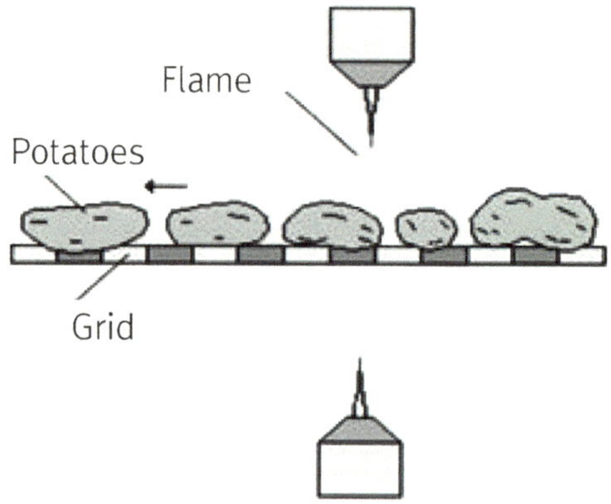

<그림 5.8> 씨 감자의 기술적 모순 해결

농업 분야에서 씨 감자를 겨울에 잘 보관하기 위해서는 표면에 붙어있는 박테리아를 제거해야 한다. 농약을 사용하면 환경문제를 발생시키고 인체에 좋지 않는 영향을 주기 때문에 불을 이용하여 표면에 있는 박테리아를 죽이는 방법을 개발하였다. 감자를 롤러 위에 올린 후 이동시키면서 상하에 설치된 불꽃으로 감자 표면에 있는 박테리아를 죽이는 장치를 고안하였다.

이러한 공정을 진행할 때 불꽃을 강하게 하면 박테리아를 잘 죽일 수 있지만 감자가 익어서 씨 감자 역할을 하지 못하게 된다. 불꽃이 약하면 감자에 유해한 영향은 줄일 수 있지만 박테리아가 잘 죽지 않는다. 이러한 기술적 모순 상황은 21번째 발명 원리인 고속 처리(Hurrying) 방법을 적용한 아이디어가 특허로 등록되어 활용되었다. 불꽃의 세기를 강하게 하고 감자를 빠르게 통과시키면 표면에 있는 박테리아는 죽지만 감자에는 큰 영향을 주지 않아 씨 감자를 안전하게 보관할 수 있게 만든다.

위스키가 안에 담겨있는 초콜릿 제품이 있다. 제조 공정에서 액체 위스키 위에 초콜릿을 코팅하는 것이 어려워 먼저 초콜릿 틀을 만들고 위스키를 담고 틀을 결합시키는 복잡한 방법을 사용하였다. 고체 물질 위에는 초콜릿을 쉽게 코팅할 수 있지만 위스키는 상온에서 액체이기 때문에 생긴 문제이다.

이런 문제를 해결하기 위해 사용된 발명 원리는 35번 물리화학 특성 변화, 즉 물질의 상태를 필요에 따라 기체 액체 고체 상태로 변화시키라는 원리이다. 위스키를 냉동하여 고체로 만들면 쉽게 고체 위스키 표면에 초콜릿을 코팅할 수 있고 제조 후 시간이 지나면 녹아 액체가 된다.

<그림 5.9> 위스키가 들어 있는 초콜릿

기술적 모순을 해결할 수 있는 발명 원리는 우리에게 창의적 아이디어를 만들어 낼 수 있는 좋은 방법을 가르쳐준다. 40가지 발명 원리를 이해하고 효과적으로 활용하면 많은 발명을 할 수 있고 복잡하고 어려운 문제를 창의적으로 해결할 수 있다.

40가지 발명 원리의 개념 및 사례를 정리하면 다음과 같다.

1. 분할(Segmentation)

a) 한 물체를 여러 부분으로 나눈다.
b) 시간을 나누어 활용한다.
사례: 제과점에서 판매하는 조각 케익, 군대 식판, 나누어져 있는 블라인드 커튼, 커터 칼/점심 점심시간을 나누어 식사 및 취미 활동 활용

2. 추출(Extraction)

a) 물체에서 필요한 부분이나 특성만을 추출하여 사용한다.
b) 물체에서 방해가 되는 부분이나 특성을 추출한다.
사례: 군 비행장 근처에서 비행기와 새들의 충돌은 심각한 문제임. 작은 새들을 쫓기 위해 몹시 놀란 새들의 울음소리나 새를 잡아먹는 매나 독수리 소리를 녹음해서 재생시킴. 필요한 부분만 추출해서 사용
2010 밴쿠버 동계올림픽에서 스피드 스케이팅 모태범, 이상화, 이승훈 금메달을 획득한 연습 비법 - 스피드 스케이팅 경기에서 체력이 앞선 서양 선수를 극복하기 위해 곡선 주로에서 속도를 높이는 방법인 쇼트랙 기술을 접목시켜 훈련(필요한 부분을 추출해서 활용)

3. 국부적 성질(Local Quality)

a) 물체나 환경의 일부를 나누어 다른 특성을 갖도록 한다.
b) 대상 물체와 반대 기능을 수행하는 물질을 결합한다.

사례: 주차장에 주차선 크기를 동일하게 하지 않고 여성용, 장애인용 크기는 크게 만들어 사용하기 편하게 한다.

음식점에 일부 공간을 어린이 놀이터로 만들면 부모나 어린이들이 만족한다. 지하철 의자를 노약자석, 임산 모 자리 등으로 나누어 배려한다.

찬물과 더운물이 나오는 정수기는 사용하기 편리하다.

4. 비대칭(Asymmetry)

a) 대상 물체를 대칭 형태에서 비대칭 형태로 바꾼다.
b) 정형화된 형태를 벗어나 새로운 비대칭 형태로 바꾸어 본다.

사례: 일본의 한 발명가가 우산을 비대칭으로 만들어 큰 부분을 이용하여 사람들이 비를 막을 수 있게 하였고 반대 부분을 작게 만들어 접었을 때 작고 가볍다.

정형화된 패션 형태를 깨고 옷의 좌우나 길이 색상 형태를 비대칭으로 만들면 개성 패션이 된다.

5. 통합(Merging)

a) 동일, 유사 또는 연관된 기능을 수행하는 물체들을 결합한다.
b) 단일 작업 혹은 복합 작업을 시간적으로 통합한다.

사례: 여행을 다닐 때 필요한 도구를 통합시킨 스위스 칼은 매우 유용하게 사용된다.

부피가 큰 화물을 트럭으로 운반하기 위해 화물을 싣고 내리는 장소에 크레인이 있어야 한다. 과거에는 화물을 운반하기 위해 트럭과 크레인을 불러야 한다. 지만 지금은 트럭과 크레인을 결합한 레카차가 만들어졌다.

6. 다기능(Multi-Function)

a) 대상 물체가 다수의 기능을 수행하게 하여 다른 물체의 필요성을 없앤다.
b) 시간을 효율적으로 활용하기 위해 같은 시간에 두 가지 이상의 역할을 수행한다.

사례: 복사기, 팩스, 스캐너 기능을 하는 복합기

핸드폰과 인터넷의 기능이 결합된 스마트 폰 등 시스템은 다기능을 수행하도록 진화한다.

친구와 같이 공부를 하면 필요한 공부를 하며 우정을 쌓아갈 수 있다. 강아지를 회사로 데려와 일을 하면 직원이 강아지를 돌보며 일할 수 있다.

7. 포개기(Nesting)

a) 하나의 물체가 다른 물체의 안에 위치한다.

b) 사용하지 않을 때 다른 물체 안에 보관한다.

사례: 마트의 쇼핑 카트는 손님이 많은 상품을 구입하기 편하게 커야 하지만 넓은 보관 장소를 필요로 한다. 포개기 원리를 사용한 카트는 보관 시 공간의 효율을 높인다.

컴퓨터에 많은 파일을 저장할 때 큰 폴더 안에 작은 폴더를 만들어 사용한다.

8. 평형추(Ant-Weight)

a) 대상 물체의 무게를 반대 작용을 하는 다른 물체와 결합해 상쇄시킨다.

b) 다른 특성을 가지고 있는 것을 도입해 약점을 보완한다.

사례: 시소 반대편에 비슷한 무게를 가지고 있는 사람이 앉으면 서로가 쉽게 움직인다.

매운 음식에 설탕을 넣으면 중화되어 맛있게 먹을 수 있다.

9. 사전 반대 조치(Preliminary Anti-Action)

a) 유해한 현상이 발생할 수 있는 것을 대비하여 미리 반대 작용을 만들어 준다.

b) 미리 반대 조치를 취해 유해한 현상이 생기는 것을 막는다.

사례: 강철 스프링은 반제품 단계에서 늘리고, 비틀며 사전 변형을 시킨 다음 구불거리게 만들면 늘어나거나 변형되지 않는 좋은 제품이 된다.

주사를 맞을 때 간호원이 손바닥으로 때려 작은 고통을 준 후 주사를 놓으면 느끼는 고통이 작아진다. 예방주사는 미리 균을 넣어 면역력을 증가시킨다.

10. 사전 조치(Preliminary Action)

a) 필요한 기능의 일부를 미리 실행하여 시간 손실을 줄인다.

b) 일을 효율적으로 수행하기 위해 사전조치를 진행한다.

사례: 스티커에 미리 풀을 발라 놓으면 붙이는 작업의 시간을 단축할 수 있다. 라면봉지처럼 비닐로 포장된 물건들을 쉽게 뜯기 위해 일부분에 약간의 칼집을 만들어 놓으면 쉽게 포장지를 뜯을 수 있어 편리하다.

11 사전 예방 조치(Beforehand Compensation)

사고가 발생할 수 있는 위험에 대해 미리 대비 조치를 한다.
보험과 같은 사전 예방조치를 만든다.

사례: 자동차 사고에 대비하여 사람을 보호하기 위한 에어백을 설치한다.
남은 가족이 경제적 어려움을 겪지 않도록 보험에 가입했다.

12 높이 맞추기(Equipotentiality)

물체를 힘들게 들어 올리거나 내리는 일이 발생하지 않도록 작업 조건을 바꾼다.
상대방의 눈높이(수준)에 맞춘다.

사례: 고속도로의 안전성과 경제성을 높이기 위해 높은 산을 지나갈 때 터널을 만들어 도로의 높이를 맞춘다.
어린이가 이해하도록 쉬운 용어로 설명한다.

13. 반대로 하기(Do it in Reverse)

a) 요구되는 행위 대신 그 반대의 행위를 한다(역 발상).
b) 물체나 외부 환경에서 움직이는 부분을 고정시키거나 고정된 부분을 움직이게 한다.

사례: 보통 컴퓨터 게임을 많이 하면 운동부족이 되기 쉬운데 '닌텐도'사는 몸을 움직이는 게임을 생각해 재미있으면서 운동을 하는 제품을 만들었다.
좋아하는 사람에게 싫어하는 행동을 통해 관심을 끌어낸다.
가축들에게 표식을 위해 마크를 찍을 때 뜨거운 도장을 사용하는 대신 액체 질소로 냉각된 도구를 이용하여 표식을 하는 방법이 있다. 이것은 동물들에게 거의 고통이 없다.

14. 곡선화(Curvature)

a) 직선을 곡선으로, 평평한 물체를 곡선형 물체로, 육면체를 구형으로 전환한다.
b) 직선적 말보다 은유적(곡선적) 표현이 때로는 좋은 결과를 만들 수 있다.

사례: 긴 직선형 톱 대신에 원형 톱을 사용하면 크기가 크지 않지만 긴 나무를 쉽게 자를 수 있다.
부탁할 때나 잘못을 지적할 때 직선적 표현보다 은유적 표현이 좋다.

15. 역동성(Dynamics)

a) 외부 환경이나 필요에 따라 최적화되도록 융통성 있게 변형시킨다.
b) 만약 물체가 움직이지 않는 것이라면 움직일 수 있는 것으로 만든다.
사례: 낮에는 음식점 밤에는 술집(bar)로 사용하는 가게.
휴대할 때는 접었다가 사용할 때는 펴서 사용하는 폴더형 스마트폰.
비행기 날개는 이착륙 시에 크지만 빠른 속도로 비행할 때는 축소되게 만들어 연료소비를 줄인다.

16. 부족 또는 과잉(Partial or Excessive Actions)

a) 만약 필요한 효과를 정확히 달성하기 어렵다면 조금 낮게 혹은 조금 높게 달성하도록 한다.
b) 한 번에 필요한 결과를 얻기 어려울 때 2~3번에 나누어 진행한다.
사례: 기차선로는 열팽창을 고려해서 평상시 약간 짧게 틈(간격)을 확보해 둔다.
원통에 얇게 페인트칠을 할 때 큰 통에 담가 과잉의 페인트를 바르고 원심력으로 여분을 제거한다.

17. 차원 바꾸기(Dimension Change)

a) 1차원→2차원→3차원 형태로 바꾼다(단층 배열 대신 다층 배열을 사용한다).
b) 해당 면의 반대쪽을 이용한다.
사례: 좁은 거실의 공간을 잘 활용하기 위해 에어컨을 천정에 설치한다.
두개의 침대를 대신해 2층 침대를 활용한다.

18. 진동(Mechanical Vibration)

a) 진동을 이용한다.
b) 물질의 고유 주파수에 맞는 진동(공명)을 도입하거나 초음파를 활용한다.
사례: 차가 주행선을 벗어났을 때 핸들에 진동을 주어 운전사에게 알려준다.

어린아이 유모차를 일정하게 움직여 주면 몸의 진동과 조화되며 편안함을 느끼고 쉽게 잠을 잔다.
초음파 세척기는 안경 렌즈에 붙어있는 불순물을 잘 제거한다.

19. 주기적 작용(Periodic Action)

a) 연속적 작용에서 주기적 작용으로 변경한다.
b) 주기적 파동 사이의 휴식 기간을 이용한다.
사례: 흔들바위를 움직이기 위해 연속적으로 힘을 주는 것 보다 주기적으로 힘을 가하면 쉽게 움직인다.
일주일 내내 일하는 것보다 주말에 휴식을 갖는 것이 효율적이다. 휴식시간에 취미생활은 우리의 활력을 높여준다.

20. 유용한 작용의 지속(Continuity of Useful Action)

a) 물들어 왔을 때 배를 저어 목적지까지 간다(작업을 연속적으로 진행한다).
b) 사용되지 않는 작동을 제거한다.
사례: 여름에 즐겨먹는 슬러쉬는 가게에서 지속적으로 저어줘야 한다. 저어주지 않으면 굳어 버리기 때문이다. 콘크리트를 싣고 가는 레미콘 차는 이동시 계속해서 돌아간다.
그림을 인쇄하는 프린트에서 프린트 헤드의 순방향 움직임과 역방향 움직임 때 쉬지 않고 인쇄가 된다.

21. 고속 처리(Hurrying)

a) 해롭거나 위험한 작용을 빠른 속도로 진행하면 피해를 막을 수 있다.
b) 현대 사회에서 빠른 처리가 중요하다.
사례: 감자를 겨울 동안 보관하기 위해서 표면에 붙은 박테리아를 제거해야 하나 농약을 사용하면 환경에 좋지 않다. 불로 표면을 태우면 인체에 무해하게 박테리아를 죽일 수 있으나 감자에 손상이 간다. 이때 불을 강하게 하고 빠른 속도로 움직이면 박테리아는 죽이고 감자는 보호할 수 있다.
현대 사회에서 빠른 속도로 서비스를 하지 못하면 고객을 잃는다.

22. 해로운 것을 유익한 것으로 바꿈(Convert Harmful to Useful)

a) 해로운 것들을 이용하여 유익한 결과를 만들어 낸다.
b) 문제를 발생시킨 요소를 이용해 문제를 해결한다.
사례: 2002년 월드컵 당시 시청 앞에서 대규모 관중이 모여 길거리 응원을 하였다. 옆에 위치한 프라자 호텔은 응원으로 인한 소음으로 투숙객들이 예약을 취소하여 많은 손해를 사태가 벌어졌다. 이때 이 상황을 오히려 이용하여 이 광경을 보고 응원에 참여하고 싶어 하는 사람들을 위한 패키지를 만들어 판매하여 더 큰 수입을 올리게 되었다.
루게릭병에 걸린 스티븐 호킹 박사는 좌절하기 않고 오히려 연구에 몰입하여 20세기를 대표하는 학자가 되었다(전화위복).

23. 피드백(Feedback)

a) 피드백 시스템을 도입한다.
b) 반응을 체크하고 그에 따라 알맞은 전략을 수립한다.
사례: 방안에 온도계를 설치하여 방안 온도 변화를 보며(피드백 받아) 냉난방을 가동한다.
주인의 얼굴 표정을 보고 기분에 맞추어 로봇이 반응한다.

24. 중간 매개물(Intermediary)

a) 작용을 전달해주는 중간 물체를 사용한다.
b) 두 물체 사이에 유해한 현상을 막아줄 수 있도록 중간 매개물을 도입한다.
사례: 산속으로 도망간 범인을 찾기 위해 범인의 냄새를 잘 식별하는 사냥개를 데리고 간다.
구리와 알루미늄과 같이 이종 금속을 용접할 때 구리와 알루미늄과도 용접이 잘 되는 중간 부재를 사용한다.
뜨거운 냄비가 유리로 된 식탁에 열 충격을 주지 않도록 중간에 받침대를 사용한다.

25. 셀프서비스(Self-Service)

a) 필요한 기능이 스스로 이루어지도록 한다.
b) 폐기물(에너지, 물질)을 활용한다.

사례: 애플은 다양한 앱(App.)을 개발하고 판매하는 것이 스스로 이루어지도록 앱스토어를 만들어 많은 돈을 벌고 있다. 셀프 주유소, 마트에 등장한 셀프 계산, 셀프 포장 등

섬유판 제조 시 폐수는 정수 작업을 거쳐 다시 사용되며 찌꺼기는 섬유 펄프로 사용한다.

26. 복제(Copy)

a) 어렵고, 복잡하고, 비싸고, 불편하고, 부서지기 쉬운 물체 대신 단순하고 저렴한 복제물을 사용한다.

b) 사진이나 모형을 만들어 사용한다(필요에 따라 확대 혹은 축소).

사례: 위험한 공사장에서 안전요원 대신에 사람 모형을 활용한다. 도로에서 운전자에서 경각심을 주기 위해 경찰 모형을 만들어 세워 놓는다.

식당에서 음식 메뉴를 보여주기 위해 사진을 찍거나 모형을 만들어 전시한다.

27. 일회용품(Cheap Short-Living Objects)

a) 값 비싼 물건을 가격이 저렴한 일회용품으로 대체한다.

b) 지속적 사용으로 발생하는 문제를 일회용품으로 만들어 해결한다.

사례: 일회용 주사기, 일회용 식기, 일회용 온도계 등.

여행 후 다시 들고 와야 하는 불편함을 줄이기 위해 1회용 면도기를 활용한다.

28. 기계시스템의 대체(Mechanics Substitution)

a) 기계적 방식을 광학적, 전기적, 자기적 방법으로 대체한다.

b) 전통적인 방법을 대체할 스마트 시스템으로 대체한다.

사례: 커피숍에서 손님을 큰 소리로 부르는 대신 진동기를 나누어 주어 쉽게 알려준다.

기계적 방법으로 나무를 자르는 대신 레이저를 이용한다. 이처럼 기술 시스템은 기계장을 이용하는 방법에서 소리장, 전기장, 자기장, 전자기장을 이용하는 방식으로 발전한다.

29. 기체-액체 구조물 이용(Pneumatics and Hydraulics)

a) 딱딱한 고체 대신 기체, 액체를 활용한다.

b) 고체 부분 대신에 공기로 채운 에어쿠션, 물로 채운 것을 이용한다.
   사례: 운동화 발뒤꿈치 바닥 재료를 에어쿠션을 사용하여 충격을 흡수하게 만든다. 치열 교정기 사이에 낀 이물질을 칫솔로 제거하기 쉽지 않지만 수압을 이용해 이를 닦는 워터픽이 유용하게 사용된다.

30. 유연한 얇은 막(Flexible Shell and Thin Film)

a) 딱딱한 구조물 대신에 유연한 막을 사용한다.
b) 물체를 유연한 얇은 막을 이용해 외부 환경으로부터 보호한다.
   사례: 제습제는 플라스틱 용기에 담겨 있어서 비좁은 장소에 놓기 힘들었는데 얇은 봉지에 담은 제습제를 만들면 좁은 장소에도 사용할 수 있다.
   편의점에서 팔리는 삼각 김밥은 김과 밥 사이에 얇은 비닐로 수분 이동을 차단하여 김이 오랫동안 바삭바삭하게 보관될 수 있다.

31. 다공성 물질(Porous Materials)

a) 물체를 다공성으로 만들면 새로운 효과를 얻을 수 있다.
b) 물체에 구멍을 만들어 사용한다.
   사례: 숯과 같은 다공성 물질을 사용하면 냄새 분자를 많이 흡착시킬 수 있어서 효과가 좋다.
   죽부인은 구멍이 뚫려 있어서 통풍이 잘되어 여름에 시원하게 잘 수 있다.

32. 색상 변경(Color Changes)

a) 물체의 색깔이나 외부 환경의 색상을 변화시킨다.
b) 관찰하기 어려운 물체나 공정을 관찰하기 위해 유색 첨가제나 발광물질을 사용한다.
   사례: 온도에 따라 색상이 변하는 물질을 통해 온도변화를 쉽게 알 수 있다.
   특정 성분과 반응하여 색상이 변하는 물질을 활용하여 질병을 쉽게 진단하는 방법이 활용되고 있다.

33. 동질성(Homogeneity)

a) 대상 물체와 상호 관계를 맺고 있는 물체들을 같은 재료로 만든다.
b) 기능이나 특성이 유사한 재료를 사용한다.

사례: 길거리에서 파는 아이스크림의 용기를 유리나 종이 대신 함께 먹을 수 있는 와플로 만들면 편리하다.
금속 부품을 주조로 만들 때 액체에서 고체로 변화될 때 수축되는 부분을 보상하기 위해 주형을 제품과 같은 재료로 만든다.

34. 폐기 및 재생(Discarding and Recovering)

a) 자신의 기능을 완료하고 더 이상 필요가 없을 때 폐기하거나 다른 형태로 변화시킨다.
b) 소모된 부분을 작업 과정에서 재생시킨다.

사례: 음식물 쓰레기를 버릴 때 사용한 비닐 장갑을 버린다.
우주로 로켓을 발사할 때 연료 사용을 마치면 무거운 연료저장 탱크를 분리하여 버린다.
외과 수술을 할 때 사용한 실은 상처가 아문 후에 제거해야 하는 번거로움이 있었다. 이를 막기 위해 시간이 지나면 체내에 녹는 실을 개발해 사용하고 있다.

35. 물리-화학 속성 변화(Parameter Changes)

a) 물질의 고체-액체-기체 상태를 변화시킨다(액체와 고체 사이 끈끈한 물질도 포함).
b) 농도 혹은 밀도를 바꾼다.

사례: 작은 가스통에 부탄가스를 많이 저장하기 위해서 가스를 액화시켜 주입한다.
위스키를 넣은 초콜릿 볼을 만들기 위해 위스키를 냉동 시켜 고체로 만든 후 초콜릿을 코팅하는 방법이 사용되고 있다.

36. 상전이(Phase Transition)

a) 상(Phase) 변화 시 일어나는 현상을 이용한다.
b) 형상기억합금을 이용한다.

사례: 액체에서 기체로 상변화 할 때 열을 흡수하는 현상을 사용하여 냉장고 온도를 낮춘다.
사람의 체온에 자신의 모양을 기억하는 형상기억합금을 이용해 치열교정장치를 만들면 착용할 때 항상 원하는 형태를 유지한다.

37. 열팽창(Thermal Expansion)

a) 재료의 열팽창(혹은 수축)을 이용한다.
b) 서로 다른 열팽창 계수를 가진 재료들을 결합하여 사용한다.
사례: 주로 사용되는 온도계는 온도가 증가할 때 수은의 부피가 팽창하는 현상을 이용해 온도를 측정한다.
열팽창 계수가 다른 두 가지 금속을 부쳐서 만든 바이메탈을 가열하면 늘어나는 정도가 서로 달라 한쪽으로 구부러진다. 바이메탈은 물이 끓을 때 자동으로 전원을 끄는 커피포트 스위치로 이용된다.

38. 강 산화제(Strong Oxidants)

a) 반응을 촉진시키기 위해 산소나 오존을 사용한다..
b) 트리거(Trigger)를 이용하여 큰 효과를 만든다.
사례: 약한 환자들에게 산소마스크를 착용하여 위기를 극복하게 한다.
곡물 소독제로 오존을 사용한다.
박세리 선수의 활약이 트리거가 되어 한국 여자 골프의 붐이 일어났다.
유명인사가 다녀가면 그 식당에 사람이 모인다.

39. 불활성 환경(Inert Atmosphere)

a) 원하지 않는 현상을 막기 위해 불활성 환경으로 만든다.
b) 진공을 이용한다.
사례: 과자를 오랫동안 아삭아삭하게 보관하기 위해 포장지 안에 질소를 넣는다.
진공포장을 이용하면 음식물을 상하지 않게 오래 보관할 수 있다.
백열전구의 필라멘트를 보호하기 위해 진공을 만들고 유리로 산소를 차단한다.

40. 복합재료(Composite Materials)

a) 하나의 재료로 얻을 수 없는 다양한 특성을 얻기 위해 복합 재료를 이용한다.
b) 서로 다른 장르나 특성을 섞은 '퓨전'
사례: 시멘트는 강하나 외부 충격에 쪼개질 수 있어서 철을 섞은 콘크리트 복합재료를 사용한다. 서양음악과 한국음악을 섞은 퓨전 음악, 일식과 한식을 섞은 퓨전 메뉴, 로맨스와 코미디를 섞은 로맨틱 코미디 등

기술적 모순을 해결하는 절차(기술적 모순 해결 알고리즘)

어떤 특정한 기술적 모순을 가지고 있는 문제를 해결하기 위해서는 40가지 발명 원리 중에서 적절한 발명 원리를 선택하여야 한다. 기술적 모순을 해결하는 절차는 다음과 같다.

① 기술적 모순을 정형화(Modeling)하고 해결해야 할 모순을 선택한다.
② 시스템의 개선되는 특성과 악화되는 특성을 일반적인 공학 변수(Parameter)로 바꾼다.
③ 모순 매트릭스에서 개선되는 특성을 세로축, 악화되는 특성을 가로축에서 찾아 해당되는 발명 원리를 추출한다.
④ 선정된 발명 원리를 이용하여 두 가지 특성을 모두 얻을 수 있는 해결안을 도출한다.

앰플 사례

1) 기술적 모순 정형화(Modeling)

기술적 모순(Technical Contradiction: TC)은 하나의 특성 A가 좋아지면 다른 특성 B는 나빠지는 경우이다. 기술적 모순은 "만약 ~라면, 특성 A는 좋아지지만 특성 B는 나빠진다(IF-Then-But 모델)."는 형태로 정형화시킬 수 있다.

이때 특성 A가 좋아지는 경우와 특성 B가 좋아지는 경우를 각각 다르게 정형화시킬 수 있다. 특성 A를 개선할 때 발생하는 모순을 TC1, 특성 B를 개선할 때 발생하는 모순을 TC2라고 한다. 액체 약을 담을 앰플을 밀봉할 때 발생한 모순의 예를 들면 다음과 같다. TC1: 만약 고온의 온도를 앰플에 가해주면 밀봉이 잘 되지만 의약품이 손상된다. TC2: 만약 저온의 온도를 앰플에 가하면 의약품은 손상되지 않지만 밀봉이 안된다. TC1과 TC2중 내가 우선적으로 개선하고자 하는 특성이 좋아지는 기술적 모순을 선정한다. 앰플 밀봉 과정에서 발생한 모순은 공정의 핵심 기능이 밀봉을 하는 것이니 TC1을 선정해 해결안을 찾는다.

2) 일반적 변수로 전환

기술적 모순을 정형화시킬 때 시스템의 특성을 표현하는 방법은 매우 다양하여 특성을 대변해 줄 수 있는 일반적인 특성 변수 39가지를 고안하였다. 기술적 모순에서 갈등하는 구체적인 특성 A, B를 39가지 일반적 특성 변수에서 찾아 바꿔준다.

(1) Weight of moving Object(이동 물체의 무게)
(2) Weight of binding Object(정지 물체의 무게)
(3) Length of moving Object(이동 물체의 길이)
(4) Length of binding Object(정지 물체의 길이)
(5) Area of moving Object(이동 물체의 면적)
(6) Area of binding Object(정지 물체의 면적)
(7) Volume of moving Object(이동 물체의 부피)
(8) Volume of binding Object(정지 물체의 부피)
(9) Speed(빠르기, 속력)
(10) Force(힘)
(11) Tension, Pressure, Stress(인장강도, 압력, 응력)
(12) Shape(형상)
(13) Stability of Object(물체의 구조적, 상태적 안정성)
(14) Strength(강도)
(15) Durability of moving Object(이동 물체 동작의 지속)
(16) Durability of binding Object(정지 물체 동작의 지속)
(17) Temperature(온도)
(18) Brightness(밝기)
(19) Energy spent by moving Object(이동 물체의 에너지 소비)
(20) Energy spent by binding Object(정지 물체의 에너지 소비)
(21) Power(파워, 동력)
(22) Waste of energy(에너지 손실)
(23) Waste of Substance(물질의 손실)

(24) Loss of information(정보의 손실)
(25) Waste of time(시간의 소비)
(26) Amount of Substance(물질의 양)
(27) Reliability(신뢰성)
(28) Accuracy of measurement(측정의 정확도)
(29) Accuracy of manufacturing(제조의 정밀도)
(30) Harmful factors acting on Object(물질에 가해지는 부작용)
(31) Harmful side Effects(물질에 의해 발생된 부작용)
(32) Manufacturability(제조의 편의성)
(33) Convenience of use(조작/사용의 편이성)
(34) Repairability(수리의 용이성/보전성)
(35) Adaptability(적응능력)
(36) Complexity of device(장치의 복잡성)
(37) Complexity of control(측정/통제의 복잡성)
(38) Level of automation(자동화의 정도)
(39) Productivity(생산성)

3) 모순 매트릭스를 이용하여 발명 원리 추출

기술적 모순을 해결한 다양한 분야의 특허 분석을 통해 모순 해결에 많이 사용된 발명 원리 사례를 모아서 모순 행렬표로 작성하였다. 모순 행렬표는 가로와 세로 39가지 특성 변수로 구성되어 있으며, 세로축에서 좋아지는 특성 변수를 선택하고 가로축에서 나빠지는 특성 변수를 선택하면 그 교차점에 문제 해결에 적용할 수 있는 발명 원리의 번호를 기록하여 만들었다(모순 행렬표는 부록 참고). 다음은 일부의 모순 행렬표이다.

4) 선정된 발명 원리를 이용하여 해결안 도출

모순 매트릭스에서 선정된 발명 원리 번호는 많이 사용된 빈도수 순서로 기록되어있다. 따라서 모순 매트릭스에서 제안하는 순서대로 발명 원리를 적용시켜 시스템의 두 가지 특성 모두를 개선 할 수 있도록 아이디어를 도출한다.

모순 행렬표															
개선하려는 특성		1	2	3	4	5	6	7	8	9	10	11	12	13	14
1	움직이는 물체의 무게		-	15,8 29,34	-	29,17 38,34	-	29,2 40,28	-	2,8 15.38	8,10 18,37	10,36 37,40	10,14 35,40	1,35 19,39	28,27 18.40
2	정지한 물체의 무게	-		-	10,1 29,35	-	35,30 13,2	-	5,35 14,2	-	8,10 19,35	13,29 10,18	13,10 29,14	26,39 1,40	28,2 10,27
3	움직이는 물체의 길이	8,15 29,34	-		-	15,17 4	-	7,17 4,35	-	13,4 8	17,10 4	1,8 35	1,8 10,29	1,8 15,34	8,35 29,34
4	정지한 물체의 길이	-	35,28 40,29	-		-	17,7 10,40	-	35,8 2,14	-	28,10	1,14 35	13,14 15,7	39,37 35	15,14 28,26
5	움직이는 물체의 면적	2,17 29,4	-	14,15 18,4	-		-	7,14 17,4	-	29,30 4,34	19,30 35,2	10,15 36,28	5,34 29,4	11,2 13,39	3,15 40,14
6	정지한 물체의 면적	-	30,2 14,18	-	26,7 9,39	-		-	-	-	1,18 35,36	10,15 36,37	-	2,38	40
7	움직이는 물체의 부피	2,26 29,40	-	1,7 4,35	-	1,7 4,17	-		-	29,4 38,34	15,35 36,37	6,35 36,37	1,15 29,4	28,10 1,39	9,14 15,7
8	정지한 물체의 부피	-	35,10 19,14	19,14	35,8 2,14	-	-	-		-	2,18 37	24,35	7,2 35	34,28 35,40	9,14 17.15
9	속도	2,28 13,38	-	13,14 8	-	29,30 34	-	7,29 34	-		13,28 15,19	6,18 38,40	35,15 18,34	28,33 1,18	8,3 26,14
10	힘	8,1 37,18	18,13 1,28	17,19 9,36	28,10	19,10 15	1,18 36,37	15,9 12,37	2,36 18,37	13,28 15,12		18,21 11	10,35 40,34	35,10 21	35,10 14,27
11	장력/압력	10,36 37,40	13,29 10,18	35,10 36	35,1 14,16	10,15 36,28	10,15 36,37	6,35 10	35,24	6,35 36	36,35 12		35,4 15,10	35,33 2,40	9,18 3,40
12	모양	8,10 29,40	15,10 26,3	29,34 5,4	13,14 10,7	5,34 4,10	-	14,4 15,22	7,2 35	35,15 34,18	35,10 37,40	34,15 10,14		33,1 18,4	30,14 10,40
13	물체의 안정성	21,35 2,39	26,39 1,40	13,15 1,28	37	2,11 13	39	28,10 19,39	34,28 35,40	33,15 28,18	10,35 21,16	2,35 40	22,1 18,4		17,9 15
14	강도	1,8 40,15	40,26 27,1	1,15 8,35	15,14 28,26	3,34 40,29	9,40 28	10,15 14,7	9,14 17,15	8,13 26,14	10,18 3,14	10,3 18,40	10,30 35,40	13,17 35	
15	움직이는 물체의 지속성	5,19 34,31	-	2,19 9	-	3,17 9	-	10,2 19,30	-	3,35 5	19,2 16	19,3 27	14,26 28,25	13,3 35	27,3 10
16	정지한 물체의 지속성	-	6,27 19,16	-	1,40 35	-	-	-	35,34 38	-	-	-	-	39,3 35,23	-
17	온도	36,22 6,38	22,35 32	15,19 9	15,19 9	3,35 39.18	35,38	34,39 40.18	35,6 4	2,28 36,30	35,10 3,21	35,39 19,2	14,22 19,32	1,35 32	10,30 22,40
18	밝기	19,1 32	2,35 32	19,32 16	-	19,32 26	-	2,13 10	-	10,13 19	26,19 6	-	32,30	32,3 27	35,19
19	움직이는 물체 소비에너지	12,18 28,31	-	12,28	-	15,19 25	-	35,13 18	-	8,35	16,26 21,2	23,14 25	12,2 29	19,13 17,24	5,19 9,35
20	정지한 물체 소비에너지	-	19,9 6,27	-	-	-	-	-	-	-	36,37	-	-	27,4 29,18	35

<그림 5.10> 모순 행렬표(일부분)

타이어 사례

기술적 모순을 해결하는 절차(알고리즘)을 자동차 타이어 개선 사례에 적용시켜보자.

타이어 펑크 문제를 해결하기 위해 한 회사가 그림과 같이 타이어 안쪽에 고무 층을 두껍게 보강하였다고 가정해 보자.

이렇게 타이어 내부를 보강시키면 못이나 이물질이 쉽게 타이어 안쪽까지 침투하지 못해 펑크를 막을 수 있다. 하지만 타이어 형태(모양)가 나빠진다(타이어 표면의 다양한 모양은 각각 필요한 기능을 수행하고 있어서 형태가 바뀌면 접지력이나 승차감 등 문제가 발생한다).

이 문제를 기술적 모순 해결 절차에 따라 해결안을 도출해 보자.

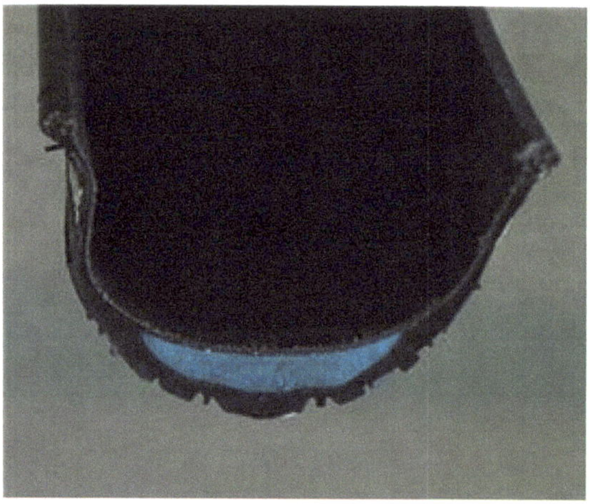

<그림 5.11> 펑크를 막기 위해 타이어의 두께를 증가시킴

1) 기술적 모순 정형화

TC1: 만약 타이어 내부를 두껍게 보강하면 펑크를 개선할 수 있지만 모양이 나빠진다.

TC2: 만약 타이어 내부를 얇게 만들면(기존에 있는 대로 두면) 모양이 나빠지지 않지만 펑크가 잘 난다.

TC1과 TC2 중에서 우리가 개선하려는 특성이 '펑크 방지' 임으로 TC1을 선정한다.

2) 일반 변수로 전환

타이어 개선 사례에서 발생한 갈등하는 두 가지 특성 변수는 '펑크' 와 '모양'이다. '펑크'라는 특성을 잘 반영한 일반 변수를 39개 중에서 찾아보면 'Reliability/신뢰성(27)'이라 할 수 있고, '모양'은 'Shape/형상(12)"이라고 할 수 있다.

3) 모순 매트릭스를 활용하여 발명 원리 추출

모순 매트릭스에서 개선하려는 특성 변수 '신뢰성(27)'을 세로축에서 선정하고, 악화되는 특성 '형상(12)'를 가로축에서 선정하여 두 축이 만나는 곳을 확인해 보면 35(물리-화학 속성 변경), 1(분할), 16(부족 혹은 과잉), 11(사전 예방 조치)를 찾을 수 있다

4) 선정된 발명 원리를 이용하여 해결안 도출

각각의 발명 원리를 이용하여 단순히 타이어 내부를 고무로 보강시키는 대신 다음과 같은 아이디어를 도출해 볼 수 있다.

첫째, 발명 원리 35(물리-화학 속성 변경)를 이용한 아이디어 도출

물리-화학 속성 변경은 단순히 고체 물질을 사용하지 말고 물질의 상태를 다양하게 변화시켜서 사용하라는 원리이다. 예를 들면 타이어 내부에 점성도가 높은 젤 형태의 물질을 삽입시키면 타이어 모양을 변화시키지 않고 펑크 문제를 해결할 아이디어를 만들어 볼 수 있다. Goodyear사의 Duraseal 타이어는 이러한 개념으로 이해할 수 있다.

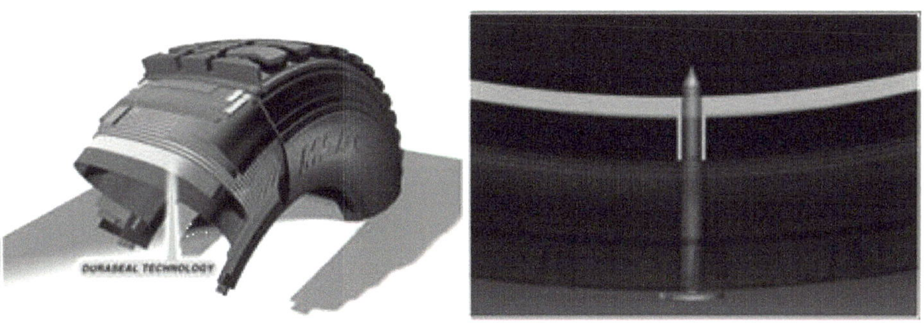

<그림 5.12> 굿이어사의 타이어 예

둘째, 발명 원리 1(분할)을 이용한 아이디어 도출

타이어를 분할하여 만들면 한 부분이 펑크가 나더라도 전체 바람이 빠지지 않는다. 또한 분할의 정도를 높여 타이어 전체를 탄성을 가진 작은 입자로 분할하여 제작하면 공기를 사용하지 않고도 완충력을 가진 신개념의 타이어를 만들 수 있다. 이러한 타이어는 기술개발이 완성되었고 미쉐린 타이어 회사에서 '업티스'란 이름으로 상품화되었다. 분할의 한 사례는 다음과 같다.

<그림 5.13> 분할 원리를 이용한 타이어 사례

셋째, 발명 원리 11(사전조치)를 이용한 아이디어 도출

어떤 문제가 발생할 것을 대비하여 사전에 문제가 발생해도 극복할 수 있는 조치를 시스템 안에 만들어 놓는 것이다. 펑크가 나더라도 타이어가 완전히 주저앉지 않고 버틸 수 있도록 강화시킨 런 플렛(Run Flat) 타이어를 예를 들 수 있다.

기술적 모순을 해결하는 알고리즘을 통해 40가지 발명 원리를 선정하여 활용하면 두 가지 특성을 모두 만족시켜 줄 수 있는 뛰어난 발명을 할 수 있다. 하지만 40가지 발명 원리를 실제적인 문제에 적용시키는 과정에서 몇 가지 어려움을 겪게 되었다. 첫째, 모순 행렬표를 사용하기 위해 시스템의 갈등하는 특성을 일반적 특성 변수로 바꾸는 과정이 까다롭다. 둘째, 선정한 발명 원리를 적용하여 해결안 아이디어를 도출할 때 시스템의 어떤 대상에 발명 원리를 적용시켜야 하는지 구체성이 떨어져 아이디어를 도출하

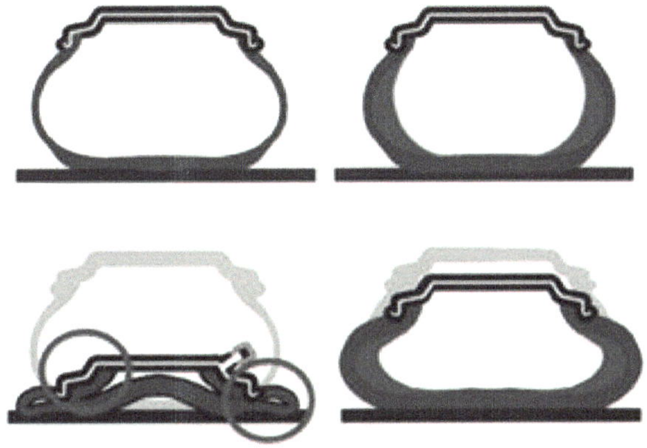

<그림 5.14> 런 플랫 타이어 예

는데 어려움이 있다. 이런 문제점들은 극복하고 모순을 좀 더 쉽게 해결하기 위해 물리적 모순(Physical Contradiction)을 분석하여 아이디어를 도출하는 방법론이 개발되었다.

5.3 물리적 모순(Physical Contradiction)과 해결 방법

물리적 모순

기술적 모순은 외부로 나타난 시스템의 2가지 특성의 갈등문제라고 한다면, 물리적 모순은 기술적 모순을 발생시킨 근본적 모순으로서 시스템 내부에 있는 구체적인 한 가지 요소에 서로 다른 물리적 상태가 요구될 때 발생한다.

시스템의 한 부품에 요구되는 물리적 상태가 "뜨겁기도 해야 하고, 차갑기도 해야 된다", "무거워야 하고, 가벼워야 한다." 혹은 "자기적(Magnetic)이며 비 자기적인 상태" 와 같이 서로 다른 물리적 상태가 요구되는 문제를 **물리적 모순**이라 규정한다.

예를 들면, 비행기 날개는 이륙하거나 착륙할 때 면적이 넓어야 충분한 양력을 만들어 비행기가 공중에 뜰 수 있다. 하지만 일정한 속도(700 km/h)이상으로 정상 비행을 할 때 날개의 면적이 넓으면 큰 공기 저항으로 말미암아 연료가 많이 소비된다. 따라서 정상 비행을 할 때에는 비행기 날개의 면적은 작아야 한다. 즉 비행기 날개는 크기도 해야 하고 작기도 해야 한다. 이처럼 시스템을 개선할 때 한 가지 요소에 서로 다른 물리적 상태가 요구되는 상황을 물리적 모순이라고 정의한다.

정리하면, **기술적 모순은 서로 다른 두 가지의 시스템 특성이 갈등하는 문제이고 물리적 모순은 시스템 안에 한 부분에서 서로 다른 물리적 상태를 요구하는 갈등 문제라고 할 수 있다.**

모순 문제를 창의적으로 해결하기 위해서는 문제를 물리적 현상 수준으로 Micro하게 분석하여 근본원인을 찾아내고 그곳에 있는 물리적 모순을 규명해야 한다.

기술적 모순에서 물리적 모순을 도출하는 방법

일상 현실에서 만나게 되는 모순은 '기술적 모순' 형태일 때가 많다. 즉 하나의 특성을 개선했더니 다른 특성이 나빠지는 경우이다. 그것을 도식화시키면 <그림 5.14>와 같다.

<그림 5.14>에서 보면 알 수 있듯이 기술적 모순은 유익한 결과와 해로운 결과를 중심으로 문제를 인식하는 것이다(결과적 문제인식). 하지만 이러한 양면적 결과를 만들어낸 근본 이유는 특정 '조건/상태' 때문이다(원인적 문제인식). 좋은 특성을 얻기 위해 요구되는 특정 '조건/상태'와 악화되는 특성을 개선하기 위해 요구되는 또 다른 특정 '조건/상태'가 서로 다른 것을 필요로 하는 모순이다.

즉, 물리적 모순이란 두 가지 모두 좋은 결과를 얻기 위해 공존할 수 없어 보이는 서로 다른 '조건/상태'를 만족시켜야 하는 문제이다. 예를 들면 좋은 결과를 위해 '온도가 높아야(+B)'하지만 나쁜 결과가 발생하지 않기 위해서는 온도가 낮아(-B)야 하거나,

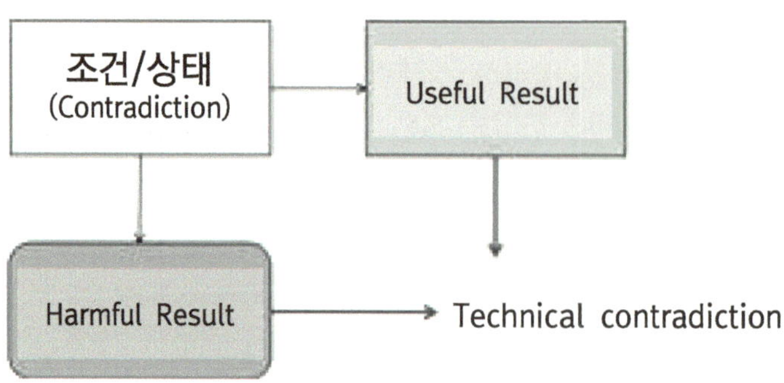

<그림 5.15> 기술적 모순의 예

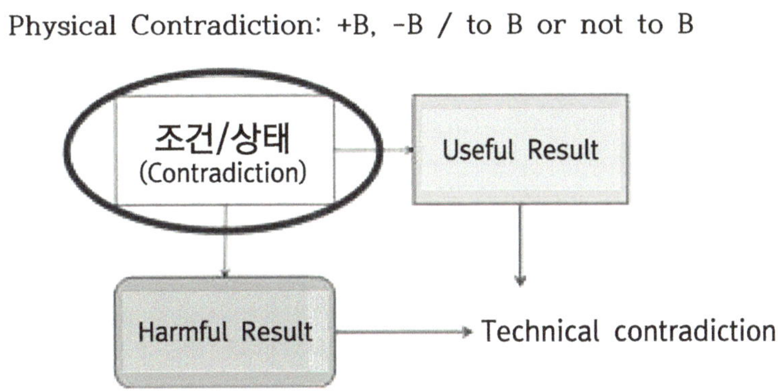

<그림 5.16> 기술적 모순에 존재하는 물리모순

좋은 결과를 위해 어떤 조건/상태가 존재해야(to B)하지만 나쁜 결과가 발생하지 않기 위해서는 존재하지 말아야(not to B) 하는 상황을 물리적 모순이라고 한다.

기술적 모순에서 물리적 모순을 도출하는 좀더 구체적인 방법은 다음과 같다.

(1) 기술적 모순 모델링

두개의 기술적 모순 TC1, TC2을 찾는다. 의약품을 앰플에 넣어 밀봉을 할 때 발생하는 기술적 모순의 예를 들면 TC1은 '고온의 토치를 이용하면 앰플 밀봉이 잘 되지만 의약품이 손상된다'이고, TC2는 '만약 저온의 토치를 이용하면 의약품이 손상되는 것을 막지만 밀봉이 잘 되지 않는다.'이다.

(2) TC1에서 개선해야하는 특성을 얻기 위한 '물리적 상태(1)' 및 그 물리적 상태(1)가 요구되는 '시간1(OT: Operating Time)과 영역1(OZ: Operating Zone)' 분석

TC1에서 좋은 결과를 얻기 위해 필요한 '물리적 상태(1)'가 무엇인지, 그리고 그 상태가 요구되는 구체적인 시간1(OT)과 영역1(OZ)이 무엇인지 파악한다. 위의 문제에서 앰플 밀봉을 잘하기 위해서 필요한 물리적 상태(1)는 '고온'이다. 그리고 OT1는 공정을 진행할 때이고 OZ1는 앰플 윗부분이다.

(3) TC2에서 개선해야 하는 특성을 얻기 위한 '물리적 상태(2)' 및 그 물리적 상태(2)가 요구되는 '시간2(OT: Operating Time)과 영역2(OZ: Operating Zone)' 분석

TC2에서 좋은 결과를 얻기 위해 필요한 '물리적 상태(2)'가 무엇인지, 그리고 그 상태가 요구되는 구체적인 시간2(OT)과 영역2(OZ)이 무엇인지 파악한다. 위의 문제에서 의약품이 손상되지 않지 위해 필요한 물리적 상태(2)는 '저온'이다. 그리고 OT2는 공정을 진행할 때이고 OZ2는 의약품이 들어있는 앰플 아랫부분이다.

(4) 물리적 모순 모델링: '물리적 상태(1)'과 '물리적 상태(2)', OT1, OT2, OZ1, OZ2를 정리하고 물리적 모순 모델링한다.

하나의 특성을 개선하기 위해 필요한 '물리적 상태(1)'과 또 다른 특성을 개선하기 위해 필요한 '물리적 상태(2)'을 파악하고 각각의 물리적 상태를 필요로 하는 시간과 영역을 구체적으로 파악하여 물리적 모순을 모델링 한다. 위의 사례를 보면 '물리적 상태(1)'은 '고온'이고 '물리적 상태(2)'는 '저온'이다. 고온이 필요한 시간은 공정이 진행될 때이고 영역은 앰플의 윗부분이다. 반면 저온이 필요한 시간은 공정이 진행될 때이고 영역은 앰플 아랫부분이다. OT1과 OT2는 같지만 OZ1과 OZ2가 서로 다르다. 물리적 모순은 "(고온과 저온이 필요하지만) 앰플 윗부분은 고온 상태, 앰플 아랫부분은 저온 상태"라고 모델링 할 수 있다.

물리적 모순 해결 - 4가지 분리의 원리

한 가지 요소에 서로 다른 물리적 상태가 요구되는 물리적 모순을 찾아내면 문제 해결은 다음과 같이 공간적 분리, 시간적 분리, 구조적 분리, 조건적 분리의 4가지 원리를 이용해 창의적으로 해결할 수 있다:

(1) 공간적 분리 - 공간을 분할하여 요구되는 서로 다른 조건/상태를 만든다.

물질의 공간을 나누어서 한 공간에는 하나의 '조건/상태'가 되게 하고 다른 공간에는 다른 물리적 상태가 되도록 한다.

어떤 특정 요소에 동시에 다른 물리적 상태가 요구될 때는 공간의 분리를 해야 한다. 예를 들어 인간의 뇌를 생각해 보자. 인간은 굉장히 냉철하고 논리적이고 체계적이며 이성적인 사고를 한다. 뿐만 아니라 논리적 사고와 동떨어진 감상적이고 예술적이며 창의적인 사고를 해야 한다. 하지만 이 두 가지는 너무나 다른 사고 체계라 양립할 수 없다. 뇌에 두 가지 서로 다른 특성이 요구되는 모순적 상황이다. 서로 다른 두 가지 특성이 필요한 인간의 뇌는 공간을 분리하여 이 문제를 해결한다. 인간의 뇌는 좌뇌와 우뇌로 나누어져서 좌뇌는 이성적이고 논리적인 부분을 관장하고 우뇌는 감성적이고 예술적이며 창의적인 부분을 관장한다. 그렇게 공간 분리를 통해서 두 가지 특성을 만족시킨 인간은 다양한 사고를 할 수 있게 되었다. 서로 다른 상태가 동시에 요구될 때는 공간의 분리를 통해서 서로 다른 특성을 갖도록 하는 것이 필요하다.

거미줄에도 공간 분리의 비밀이 숨어 있다. 거미줄에는 서로 다른 두 가지 물리적 상태(특성)가 요구된다. 거미줄은 지나가는 곤충을 잡기 위해서 끈끈해야 한다.

하지만 거미줄은 거미가 사는 장소(집)이기 때문에 자신이 달라붙지 않도록 끈끈해서는 안 된다. 거미줄은 끈끈해야 하며 끈끈해서는 안 된다. 거미는 이러한 물리적 모순을 해결하기 위해서 종류마다 독특한 방법을 이용한다. 그 중 한 가지 방법은 공간적 분리를 통해 거미가 움직이는 부분은 끈끈하지 않게 만들고 나머지는 끈끈한 줄을 사용하여 곤충이 지나가다가 잡히게 한다.

<그림 5.17> 공간적 분리 사례 - 거미줄

로마시대의 투구를 보면 필요한 두 가지 상태(특성)을 공간 분리를 통해 해결한 것을 볼 수 있다. 투구는 머리를 보호해 주기 위해 두껍고 안전해야 한다. 그래서 점점 투구가 두꺼워졌다. 그런데 계속해서 두꺼워지다 보니 너무 무거워서 전투가 힘들어지게 되었다. 투구가 두꺼우면서도 가벼워야 하는 문제가 발생하였다. 그래서 로마인들이 이 문제를 해결하기 위해서 공간의 분리를 이용하였다. 전투에서 칼이 들어오는 부분은 두껍게 만들고 나머지는 가볍게 만들었다. 이렇게 해서 가벼우면서도 두꺼운 투구가 만들어지게 되었다.

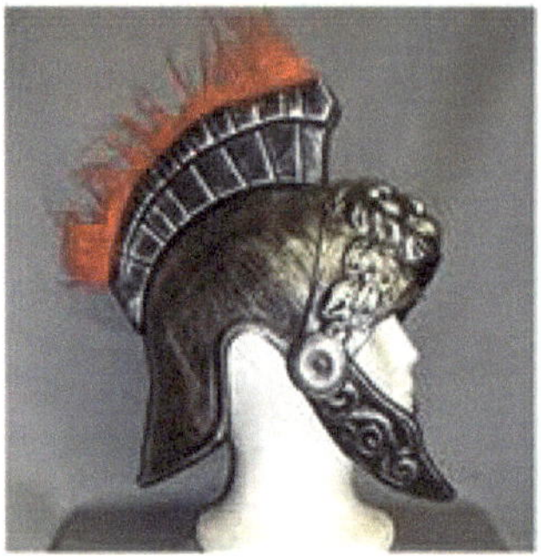

<그림 5.18> 로마 시대 투구의 사례

선원의 줄무늬 옷은 모순을 공간적 분리를 통해 해결한 또 다른 좋은 사례이다. 초기의 배는 바람을 이용해서 움직이는 돛단배였다. 돛은 주로 흰색으로 만들어졌고 선원들이 주요 임무는 돛 앞에서 돛을 움직이고 조절하는 업무였다. 돛 앞에서 일하는 선원들을 잘 분별하기 위해서는 흰색의 보색인 검은색 옷을 입고 작업을 해야 한다. 그런데 배에서 일을 하다 물속에 빠지는 일이 발생한다. 물속에 빠진 선원을 잘 찾기 위해서는 물속에서 잘 보이는 흰색 옷을 입어야 한다. 즉 선원의 옷은 검은색이 되어야 하고 또 흰색이 되어야 한다. 이 두 가지 모순적 특성을 공간적 분리를 통해 검은색과 흰색이 번갈아 있는 줄무늬 옷으로 만들어 입게 되었고 선원 옷의 상징이 되었다.

자동차 타이어에는 종합 엔지니어링 기술이 녹아 있다. 타이어에 요구되는 특성이 아주 많다. 타이어는 못이나 돌 등에서 보호되어야 하고 동시에 쿠션을 유지하고 있어야 한다. 회전을 할 때는 차가 출렁거리지 않게 잘 잡아 주어야 하고 길 표면에 물 등이

<그림 5.19> 공간을 나누어 다양한 특성을 적용시킨 타이어 사례

고여 있어 바퀴가 젖는다면 그 물을 빨리 배출시켜 타이어의 지면 접착력을 잘 유지시켜 줘야 한다. 이런 서로 다른 특성을 어떻게 동시에 발현되게 할 수 있을까? 타이어의 공간을 분할하여 필요한 부분에 서로 다른 특성을 갖도록 다른 모양의 상태를 만들었다.

자전거 뒷바퀴에 있는 기어는 체인과 연결되어 있기 때문에 강도가 높아야 한다. 그러나 강도가 너무 높으면 연성이 적어 충격을 그대로 전달하기 때문에 체인이 빨리 고장 나는 원인이 되기도 하며 타고 있는 사람에게도 충격을 그대로 전달한다. 지면에서 전달되는 충격을 완화하기 위해서는 기어 부분의 소재가 연성을 가져야 한다. 그래야 충격이 흡수된다. 여기에도 하나의 요소에 두 가지 물리적 상태가 요구되는 물리적 모순 상황이 숨어 있다. 이러한 모순을 해결하기 위한 창의적인 방법은 공간적 분리를 통해서 강도가 높아야 하는 단단한 부분과 연성이 필요한 부분을 나누는 것이다. 기어가 마모되지 않고 체인의 동력을 바퀴에 잘 전달하며 오래 쓸 수 있도록 표면 부분만을 침탄(Carbonizing)시켜 강도를 높인다. 반면 내부는 충격을 흡수할 수 있는 연성을 갖는 상태가 되도록 한다. 자전거의 기어 부분은 이렇게 공간의 분리를 통해 강성과 연성을 동시에 갖게 되어 우리가 요구하는 두 가지 물리적 특성을 모두 만족시켜 준다.

<그림 5.20> 자전거 기어 모순해결 사례

(2) 시간적 분리 - 시간을 분할하여 요구되는 서로 다른 조건/상태를 만든다.

시간적 분리는 동일한 공간에 서로 다른 물리적 상태가 요구될 때 일정한 시간에는 하나의 특성을 또 다른 시간에는 다른 특성을 갖도록 한다는 것이다.

예를 들면 여우나 늑대의 털은 추울 때는 길어야 하고 더울 때는 짧아야 한다. 동물의 털은 서로 다른 물리적 상태(길어야 하고 짧아야 한다)가 요구되는 것이다.

털 짐승은 여름과 겨울에 털의 길이와 양이 달라진다(시간적 분리).

여름의 늑대　　　　겨울의 늑대

<그림 5.21> 늑대 털의 시간 분리 사례

이것을 늑대가 절충해서 적당한 길이로 하고 있으면 여름에는 더울 것이고 겨울에는 추울 것이다. 하지만 늑대는 요구되는 서로 다른 두 가지 상태를 시간에 따라 분리하여 여름엔 아주 털을 짧게 하고 겨울에는 길게 하여 물리적 모순을 해결하고 있다.

비행기 날개는 속도에 따라 크기도 하고 작기도 해야 한다.

예를 들면 이륙을 위해 활주로를 달릴 때 육중한 비행기를 띄우기 위한 양력을 만들기 위해 비행기 날개는 커야 한다. 그러나 비행기가 이륙하여 700 km/h 이상의 빠른 속도로 비행할 때는 양력이 충분히 확보되어 날개가 크면 오히려 공기저항으로 작용하여 연료 소비가 매우 크게 된다. 이때 날개가 작아야 한다.

이런 문제를 해결하기 위해 초기에 사람들은 절충안으로써 적당한 크기로 날개를 만들었다. 그랬더니 날개가 충분히 크지 않아 속력을 얻어 양력을 받아 이륙할 때는 활주로가 길어야 했고 비행 중에는 과도한 크기의 날개로 인해 연료의 소모가 컸다.

비행기는 이륙할 때 속도가 높지 않아 필요한 힘을 양력을 얻기 위해 날개가 넓어야 하지만 날고 있을 때에는 속도가 빠르기 때문에 날개가 넓으면 추가적으로 공기 저항을 받기 때문에 날개가 넓으면 안 된다.
해결안 : 모순을 시간 분리로 해결(이착륙과 이동시)

<그림 5.22> 비행기 날개의 시간분리

이러한 모순적인 상황을 해결하기 위해 지금은 날개를 동적으로 움직여 크기를 조절할 수 있게 만들었다. 즉 시간의 분리를 통해서 이륙 및 착륙 시에는 비행기 날개를 크게 하고 비행 중에는 날개를 줄여 작게 한다. 이것은 시간의 분리를 통해서 2가지 상태를 만족시킨 것이다.

또 다른 예를 생각해 보자. 다리를 놓을 때 기둥을 세운다. 기둥이 잘 박히기 위해서 밑 부분이 뾰족해야 한다. 뾰족하게 되면 기둥이 잘 박힌다. 그런데 박힌 상태에서 계속해서 뾰족하면 어떻게 될까? 계속해서 기둥이 바닥으로 박힐 것이다. 따라서 더 이상 기둥이 밑으로 들어가지 않으려면 기둥의 밑은 뭉툭해야 한다.

서로 다른 물리적 특성이 요구되는 것이다. 어떻게 하는 것이 좋은가?

기둥을 박을 때는 뾰족하게 하고 다 박고 나면 뭉툭해야 한다. 그래서 한 러시아 과학자가 두 가지 상태를 다 만족시켜주는 방법을 다음과 같은 방법으로 특허로 등록했다. 기둥 안에 소량의 TNT 폭탄과 시멘트와 물을 넣어 기둥을 박은 후 폭탄을 터뜨려서 뭉툭하게 만든다. 땅을 파기 힘든 추운 지방에 다리를 건설할 때는 이 방법을 사용한다. 하나의 요소에 서로 다른 특성이 요구되는 모순적인 상황을 만나면 시간의 분리가 가능한지를 생각해야한다.

우리가 일상생활을 하면서도 자주 이런 모순적 요구를 받게 된다. 예를 들면 중소기업의 한 사장이 있다면 그 사람이 회사에 가면 사장으로써 회사를 책임지고 이끌어 나

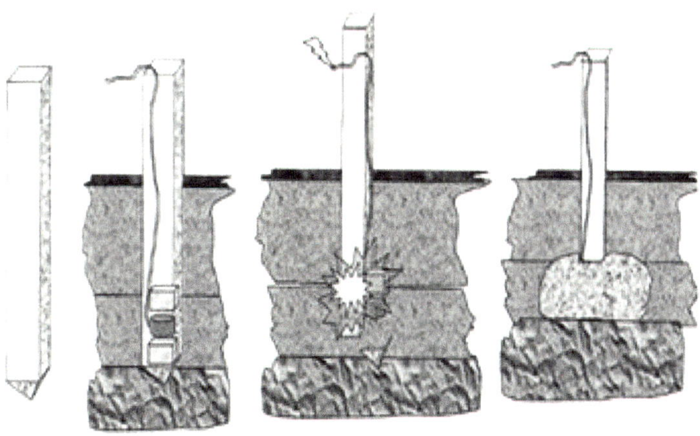

<그림 5.23> 시간 분리를 통한 기둥의 모순 해결

갈 특성이 요구된다. 전체를 보고 회사를 이끌어가고 직원을 적재적소에 배치하고 이윤을 내어 회사를 돌아가게 하는 종합적인 특성이 필요하다. 그러나 집에 가게 되면 사장의 특성이 아니라 좋은 남편이자 아빠의 특성이 요구된다.

부모님 앞에 가면 좋은 아들의 모습이 나와야 하고 친구들과 만날 때는 좋은 친구의 모습이 필요하다. 이것을 어떻게 해결해야 할까? 적당히 특성을 혼합하여 이도 저도 아닌 모습이 나와야 할까? 이 모순을 해결하기 위해서는 시간에 따라서 다른 모습이 나타나야 한다. 회사에서는 정말 전문적인 사업가의 모습이 나와야 하고 아내 앞에서는 좋은 남편의 모습이 발현되어야 하고 아이들 앞에서는 좋은 아빠의 모습이 나와야 한다. 그렇지 않고 아이들 앞에서도 사장의 모습이 나온다면 안 될 것이다. 시간에 따라 그 상황에 맞는 특성이 발현되도록 모드를 바꿔야한다.

그래야 행복하고 효율적으로 인생을 살 수 있다. 재미없는 인생은 이것도 아니고 저것도 아닌 두리뭉실하게 사는 인생이다. 시간에 따라 적절한 특성이 나오도록 자기를 발현해야 한다.

여기서 우리는 모순이 왜 발생하고 누가 모순을 만들어 내는지 생각해 보자.

사업가가 만약 회사를 크게 키울 수 있는 부자 사장만 되고 싶다면 그 방면을 위해서 노력하면 된다. 그런데 그가 추가적으로 자녀들의 좋은 아버지가 되고 싶다면 사장과 아버지의 서로 다른 속성이 요구된다. 좋은 남편이 되고 싶다면 또 다른 속성이 필요하다. 최고의 사장이 되고 최고의 아빠가 되고 최고의 남편이 되고자 꿈을 꾸게 되면 모순이 발생하는 것이다. 이것도 아니고 저것도 아닌 적당히 사는 사람들에게는 모순이 발생하지 않는다.

이처럼 우리가 다루는 대상이 서로 다른 다양한 기능을 수행하는 최고의 시스템이 되도록 발전시켜 나가려고 노력하다 보면 모순을 만나게 되는 것이다. 이때 모순을 만들어 내는 핵심 요소를 찾아 그 요소에 요구되는 서로 다른 물리적 상태가 무엇인가 분석을 해야 한다. 그리고 서로 다른 상태가 공간적 분할이나 시간적 분할에 따라 발현될 수 있도록 아이디어를 만들어 내야 한다.

(3) 구조적 분리(부분과 전체) - 전체를 여러 부분으로 나누어 부분과 전체가 서로 다른 특성을 갖도록 한다.

하나로 만들어진 모노 시스템(Mono System) 대신 여러 개로 분리한 다중 시스템(Multi System)으로 바꾸어 부분과 전체가 서로 다른 속성을 갖도록 만드는 것이다. 동질적인 하나의 부품으로 된 모노 시스템에 서로 다른 특성을 집어넣기는 어렵지만 여러 개의 부품으로 된 다중 시스템으로 분할하면 가능하다.

예를 들어 자전거 체인은 강하면서 유연해야 하는 서로 모순된 특성이 요구된다. 두 가지 특성을 만족시키기 위해 강한 부품을 연결하여 만든 체인은 각각의 개별 부품은 강하지만 그것을 연결하여 만든 체인은 유연한 특성을 가지고 있어 둥근 톱니바퀴를 움직이며 구동에너지를 전달하게 된다(이러한 원리를 "부분과 전체에 의한 분리"라고 부르기도 한다).

유사한 예로 케이블카를 이동시키는 와이어를 생각해 볼 수 있다. 케이블카 와이어는 굉장히 강해야 한다. 튼튼하고 안전한 와이어를 만들기 위해서 직경이 큰 하나의 철선보다 직경이 작은 여러 개의 철선을 엮어서 만드는 것이 훨씬 좋다.

이러한 경우 강할 뿐만 아니라 유연성을 가지고 있어 관리하기도 매우 편리하다. 하나의 모노 시스템 보다 여러 개로 구성된 다중 시스템이 될 때 필요한 서로 다른 다양한 특성을 가질 수 있다.

와이어 로프
무거운 짐을 들어올리기 위해서는 굵은 천사가 필요하지만
굵은 철사는 구부러지지 않아 둥글게 말수가 없다.

해결: 모노시스템에서 다중시스템으로 이동

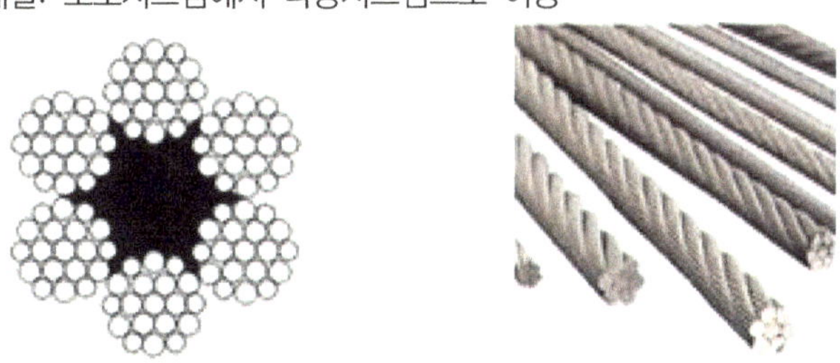

<그림 5.24> 와이어 로프의 다중 시스템 예

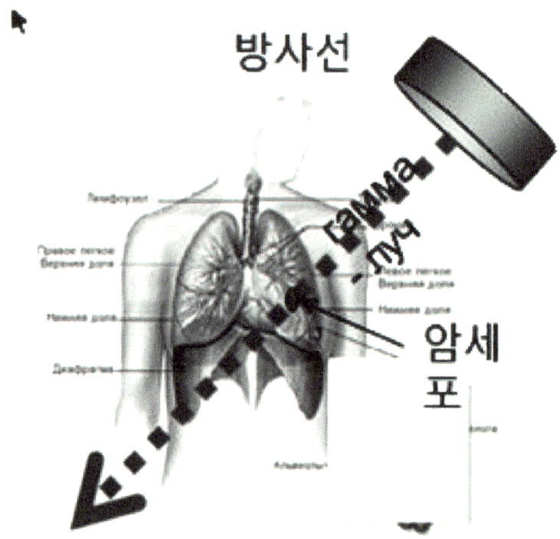

<그림 5.25> 방사선 이용한 암치료 모순 사례

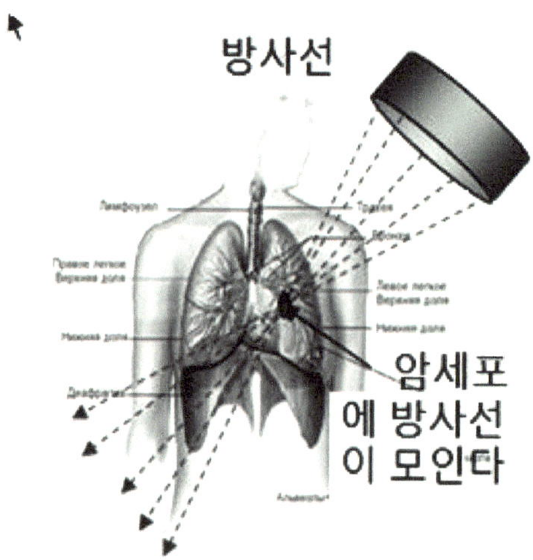

<그림 5.26> 방사선 치료 모순 해결 사례

암을 치료하는 방법 중에 방사능 치료가 있다.

암세포를 죽이기 위해 방사능은 강해야 한다. 그런데 방사능의 세기가 강하면 암세포 외에 방사능이 통과되는 신체의 모든 세포들이 타격을 입게 된다. 여기에 모순이 있다. 암세포를 죽이기 위해 방사능은 강해야 하지만 일반 세포를 보호하기 위해서는 방사능이 강하면 안 된다. 어떻게 할 것인가? 이러한 모순을 해결하는 방법은 구조적 분리를 하는 것이다.

방사능 발생기를 분할하여 세기가 작은 여러 개로 나누어 쪼이면 방사능이 통과되는 일반 세포 부분에서는 방사능이 약해 피해가 최소화되지만 암세포 위치에서는 방사능이 강해 암세포를 죽이게 된다.

(4) 조건적 분리 - 상황이나 조건에 따라 요구되는 서로 다른 상태를 만든다.

조건적 분리라는 개념을 이해하기 위하여 가정에서 키우고 있는 개의 예를 생각해 보자.

개는 주인이 외출했다 돌아오면 왼쪽의 사진처럼 기쁜 표정을 짓고 꼬리를 흔들면서 주인을 반긴다. 주인을 보면 애정을 눈빛에 담아 주인을 바라보며 반긴다.

그런데 밤에 도둑이 몰래 들어왔다고 가정해 보자. 도둑이 들어오는 것을 보며 주인에게 하는 것과 같이 기쁘고 반가운 모습으로 맞이해서는 안 된다. 이때는 가장 무섭고 사나운 모습으로 도둑을 쫓아내야 한다(우측 사진). 이처럼 시스템이 외부 조건이나 상황에 따라 서로 다른 물리적 특성을 갖게 하는 것이 조건적 분리이다.

<그림 5.27> 가정에서 키우고 있는 개

시스템은 특정한 상황(조건)에 따라 다른 특성이 요구되는 경우가 많다.

조건에 따라 다른 특성이 나타나도록 하는 첫 번째 구체적인 방법은 시스템에 반대 기능을 수행하는 안티시스템을 결합시키는 것이다. 예를 들면, 자동차는 잘 달려야 하지만 앞에 장애물이 나타나면 잘 멈춰야 한다. 그래서 달리게 하는 엔진과 멈추게 하는 브레이크 장치(안티 시스템)가 결합되어 상황(조건)에 따라 다른 특성이 나타나도록 만

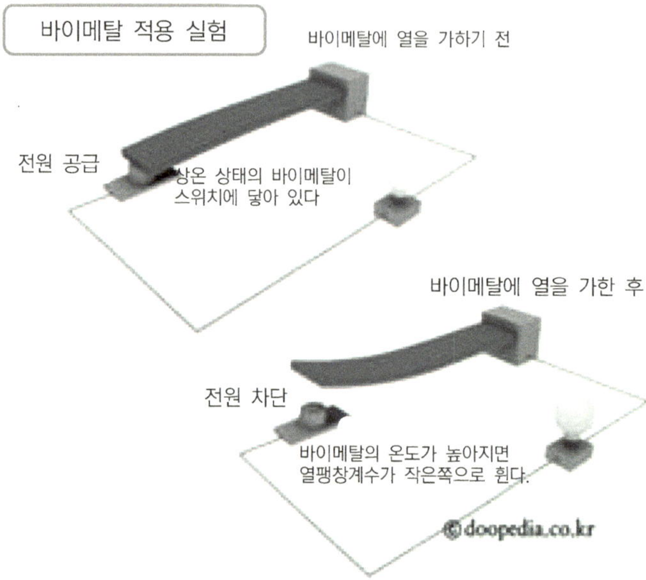

<그림 5.28> 열에 의해 동작하는 바이메탈의 예

든다. 종이 위에 글씨를 쓰게 만드는 연필과 지우개를 결합하면 조건이나 필요에 따라 효과적으로 사용할 수 있는 지우개 달린 연필이 탄생된다. 찬물과 뜨거운 물이 나오는 정수기, 전류를 흐르게도 하고 또 단절시키기도 하는 스위치 등은 시스템-안티시스템이 결합되어 우리가 원하는 서로 다른 특성들이 나타나도록 만들어진 좋은 사례이다.

두 번째 방법은 물질의 상태변화를 이용하는 것이다. 상황에 따라 기체, 액체, 고체 상태로 변화시키거나 밀도, 점도 등을 변화시켜 우리가 원하는 서로 다른 모순적 상태를 얻는 것이다. 예를 들면 야외에서 음식을 조리할 때 자주 사용하는 부탄가스의 경우 사용할 때는 기체 상태가 되어야 하지만 기체 상태로 보관하게 되면 작은 용기에 소량만을 저장할 수 있어 불편하다. 작은 용기에 많은 양을 보관하려면 부탄가스를 액체 상태로 만들어 용기에 넣으면 된다.

세 번째 방법은 물리적, 화학적, 기하학적 효과(원리)를 활용하여 시스템이 상황에 따라 다른 특성이 나타나도록 만드는 것이다. 안경을 쓰는 사람은 자외선이 강한 날에는 자기 눈에 맞는 선글라스를 따로 휴대하고 다니다가 장소에 따라 바꿔 착용해야 하는 불편을 겪게 된다. 과학자들은 자외선에 반응하여 색이 변화되는 염화은(AgCl) 물질을 안경 유리 안에 넣어 자외선이 강할 때 검게 변하는 안경을 개발했다.

평소에는 은 이온과 염소 이온으로 존재하며 투명한 상태를 유지하다가 에너지가 높은 자외선을 받으면 두 이온이 결합되어 검게 되는 화학적 현상을 이용한 것이다. 커피포트에 물을 끓일 때 100도가 되면 자동으로 스위치가 꺼지는 이유는 온도에 따라 열팽창 계수가 다른 두 가지 종류의 금속을 붙여놓은 바이메탈을 사용하기 때문이다.

열팽창 계수가 작은 니켈(Ni)과 철(Fe) 합금과 열팽창 계수가 큰 니켈(Ni), 망간(Mn), 구리(Cu) 합금을 붙인 바이메탈의 온도가 높아지면 열팽창 계수가 큰 합금은 많이 늘어나서 열팽창 계수가 작은 합금 방향으로 휘게 되어 전원을 차단한다.

모순을 해결하는 트리즈 방법은 기존 사고의 틀을 깨고 혁신적인 아이디어를 만들어내는 창의적 사고법이다. 다음의 그림처럼 어떤 부품의 색이 흰색의 특성과 검은색의 특성이 가져야 한다면 일반적인 사고 방법은 한 가지 색을 선택하거나 두 가지 색을 적당히 혼합한 회색의 부품을 만들게 된다. 다시 말해 최적화 방법을 통해 적당한 값을 찾고자 노력한다.

최적화 방법으로 모순을 해결하려는 시도는 창의적 결과를 도출하지 못한다. 하지만 트리즈 방법은 모순적 상황에서 타협하지 않고 두 가지 특성 모두를 얻을 수 있는 방법을 제시한다. 시간, 공간, 구조, 조건적 분리를 통해 우리가 원하는 서로 다른 특성 모두를 얻게 만든다.

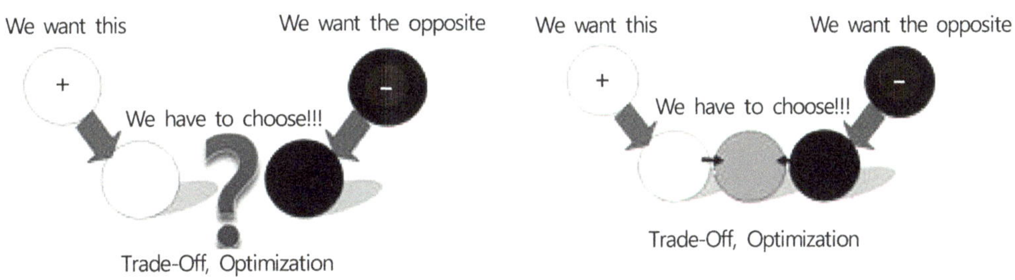

<그림 5.29> 절충안을 통한 모순 해결

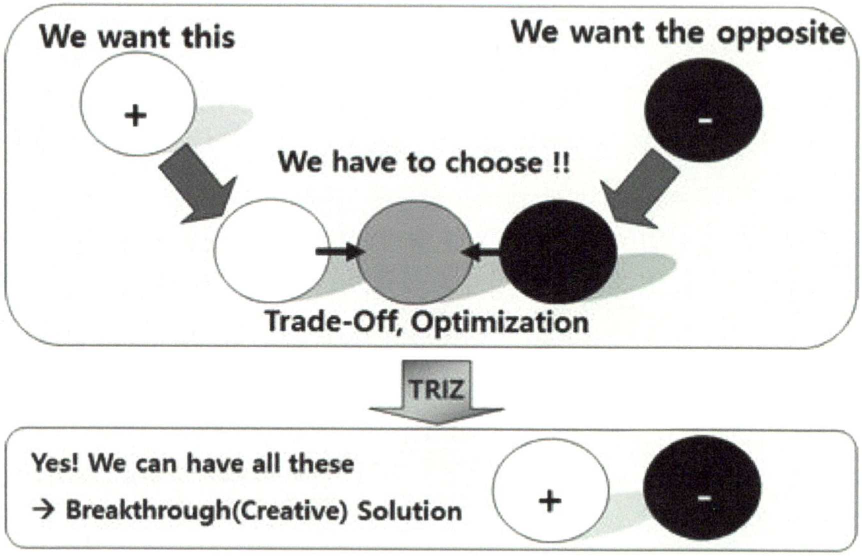

<그림 5.30> 창의적 모순해결 개념도

에필로그

트리즈가 1996년 대한민국에 도입되고 전파된 지 어언 25년이 되었다. 1998년 트리즈를 알게 된 개인들이 모여서 함께 연구하기 시작하면서 트리즈 연구회를 설립하였다. 초창기에는 트리즈 책이 없어서 원서를 구입하여 긴 시간 동안 연구하기 시작하였다.

트리즈 관련 다양한 책들을 트리즈 연구회 회원들이 각자 역할을 분담하여 번역 및 발표하면서 연구에 속도를 높이기 시작하였다. 알트슐러의 저서인 '그러자 갑자기 발명가가 나타났다', '새로운 방식의 트리즈', 'TRIZ는 과학이다' 책을 번역하였고, 알트슐러의 제자들이 쓴 책도 다수 번역하였다. 번역된 책들은 지금 보면 다소 미흡한 부분들이 많이 나타난다. 그러나 트리즈를 공부하면서 한자 한자 번역한 책으로 트리즈를 공부하는 사람들에게는 매우 의미가 깊은 산물이다.

트리즈는 대학의 공학인증제도와 맞물려 공대가 있는 대학을 중심으로 '캡스톤 디자인', '창의적 공학설계' 등의 과목으로 트리즈 내용을 중심으로 전공필수과목 또는 전공선택과목으로 지정되어 교육이 확산되었다. 트리즈가 공대에서 취업에 도움이 되는 과목으로 자리매김하자 공대 외에도 교양선택과목으로까지 확대되었다. 지금은 일반대학을 졸업한 학생이라면 어느 정도 트리즈를 알고 있다. 공대 학생들이 트리즈를 배우고 기업에 입사하면서 대기업은 물론이고, 중소기업까지 트리즈를 이해하는 회사들이 많이 생기게 되었다.

학교에서 또는 기업에서 트리즈를 적용하는 경험이 쌓이다 보니 자연스럽게 학습의 수준이 높아져서 스스로 책을 내고 싶어하는 사람들이 많이 나타났다. 특히 삼성, LG, 현대, 포스코 등에서 트리즈 담당자로 활동하던 전문가들이 퇴직하면서 트리즈 연구에 불을 붙였다. 교보문고에 '트리즈' 책을 검색하면 판매량 기준으로 '트리즈 씽킹', '트리즈:창의와 혁신의 시크릿', '창의성의 또다른 이름 트리즈' 등 170여 건이 검색된다.

그러나 이렇게 많은 책들이 검색되는데도 불구하고 기업이나 학교에서 트리즈를 공부하는 사람들이 아직 트리즈가 어렵다고 얘기하고 있다. 그 이유를 생각해 보니 트리즈를 공부한 사람들이 알고 있거나 경험한 부분을 중심으로 트리즈 책을 쓰지 않았나 하는 생각이 든다.

트리즈는 문제를 분석하는 기법도 있고, 문제를 해결하는 기법도 있다. 그리고 창의적 사고, 시스템 사고, 상상력 등 다양한 사고기법도 있다. 지금까지의 창의력은 심리학적 관점에서 다루어져 왔다. 트리즈는 과학적 관점에서 창의력을 다루다가 알트슐러가 60세를 넘기면서 과학적 관점과 심리학적 관점을 융합하는 방식으로 발전하게 되었다.

그래서 이번 트리즈 1수준 책은 각 전문가 마다의 특성을 살리면서, 알트슐러의 정신을 계승하는 관점에서 트리즈를 종합적으로 정리하는 방향으로 집필하였다.

이 책을 집필하는데는 정신적인 멘토인 '알트슐러'의 도움이 가장 컸다. 비록 알트슐러는 세상을 떠나셨지만 우리의 가슴에 영원히 살아있을 것이다. 그리고 1998년 알트슐러가 세상을 떠나기 직전 트리즈의 대가들인 65명의 마스터들의 자료들도 많은 도움이 되었다. 그리고 (사)한국트리즈협회를 지원하는 많은 분들의 경험들이 이 책에 담겨있다고 할 수 있다.

이 책이 세상 밖으로 탄생할 수 있도록 도움을 주신 모든 분들에게 감사를 표한다.

(사)한국트리즈협회 저자 일동

부록 1.
XY-TRIZ 개념도

XY-TRIZ 문제와 해결

XY-TRIZ 는 트리즈를 활용하는데 있어서 핵심내용을 X와 Y라고 생각한다.
X는 해결하고자 하는 문제요소이고, **Y는 이상적인 답**이다.
트리즈의 문제해결과정과 목적은 다음의 네 가지로 구분할 수 있다.

1. X를 알고 Y를 모르는 경우 (문제를 알고 답을 찾는 경우)
2. Y를 알고 X를 모르는 경우 (답을 알고 문제를 찾는 경우)
3. X와 Y를 둘 다 모르는 경우 (문제와 답 둘 다 모르는 경우)
4. X와 Y를 둘 다 아는 경우 (문제와 답 둘 다 아는 경우)

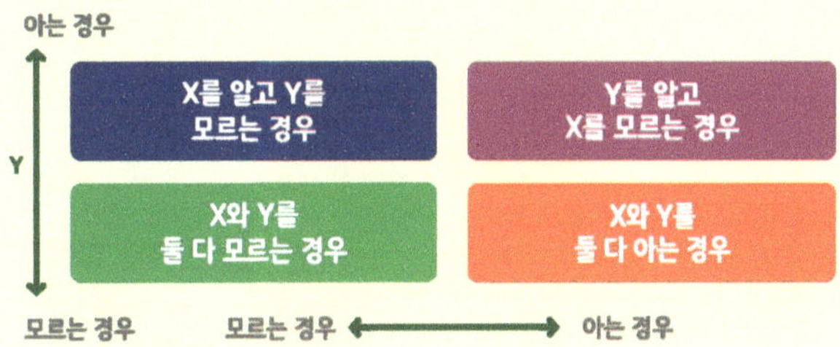

XY-TRIZ 개념과 현실

XY-TRIZ 에서는 트리즈의 원리 중 차원의 변화를 적용하여 문제를 **특수문제**와 **개념문제**로 구분하였다. **해결**도 **개념해**와 **특수해**로 구분하였다.

1. **특수문제** : 특정 제품/서비스나 사회현상에서 나타나는 문제
2. **개념문제** : 특수 문제를 연구하여 찾아낸 문제의 패턴
3. **개념해** : 특수 해를 연구하여 찾아낸 해결의 패턴
4. **특수해** : 특정 제품/서비스나 사회현상에서 나타나는 해결

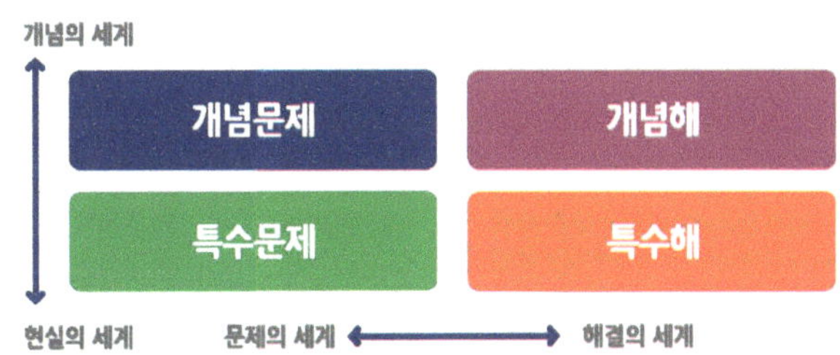

XY-TRIZ 모델

트리즈 전문가는 항상 이상성을 추구하며 현실의 문제를 해결하는 사람이다.
XY-TRIZ 는 현실성, 개념, 이상성을 연결하는 다차원적인 모델이다.
현실성과 개념을 연결하기 위해서는 이상성의 인식이 필요하다.
이상성을 인식할 수 있도록 트리즈에서는 다양한 상상력의 기법을 활용한다.

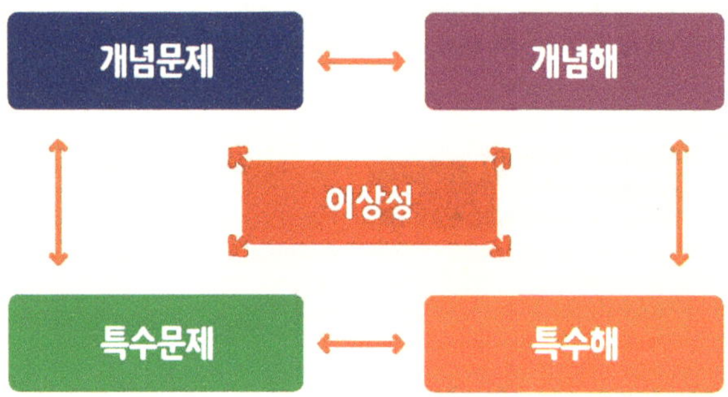

XY-TRIZ 절차

XY-TRIZ 모델에서 구성요소는 특수문제, 일반문제, 이상성, 일반해, 특수해의 5개 이다. 이 다섯 가지 구성요소를 가장 많이 사용하는 순서로 절차화하여 4단계로 구분하였다.

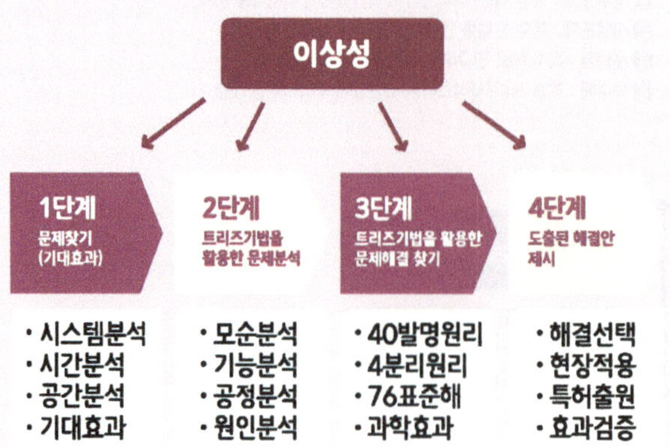

부록 2.
XY-TRIZ 양식

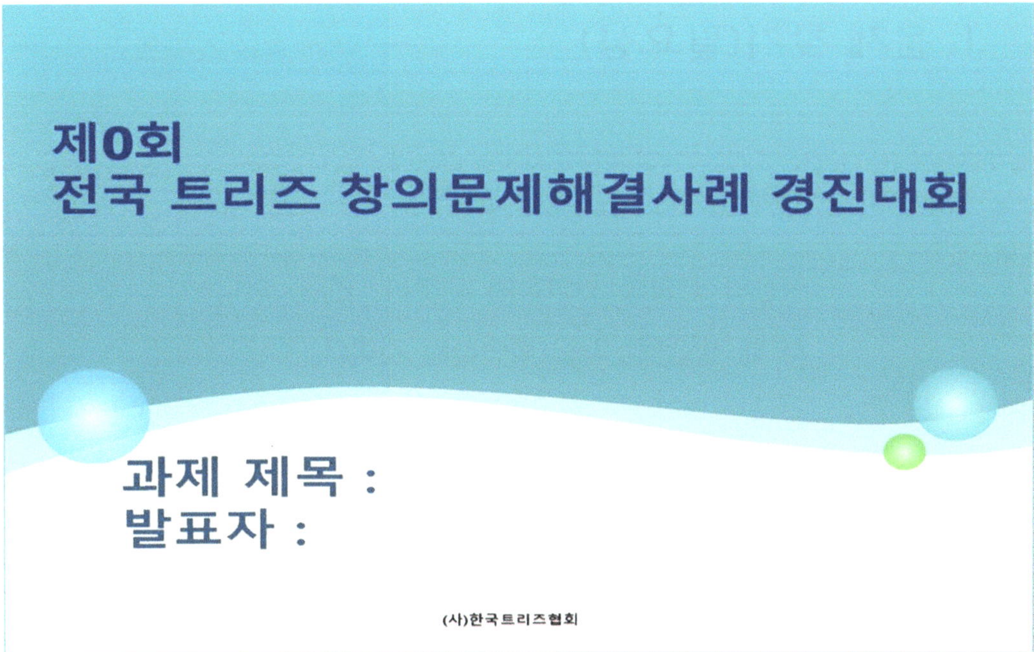
제0회
전국 트리즈 창의문제해결사례 경진대회
과제 제목 :
발표자 :
(사)한국트리즈협회

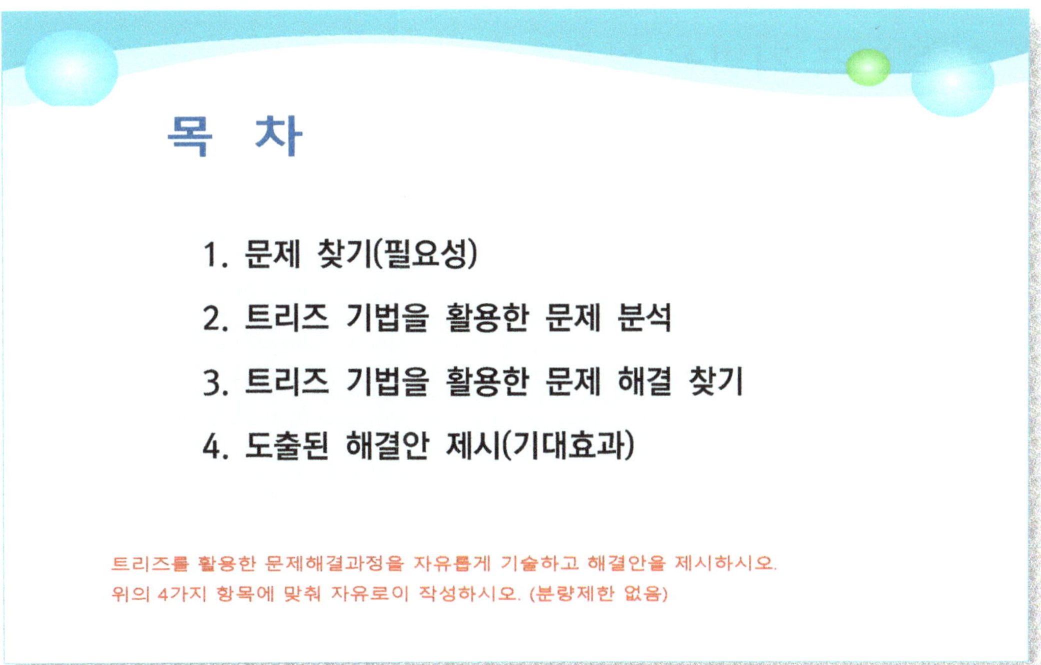
목 차
1. 문제 찾기(필요성)
2. 트리즈 기법을 활용한 문제 분석
3. 트리즈 기법을 활용한 문제 해결 찾기
4. 도출된 해결안 제시(기대효과)
트리즈를 활용한 문제해결과정을 자유롭게 기술하고 해결안을 제시하시오.
위의 4가지 항목에 맞춰 자유로이 작성하시오. (분량제한 없음)

1. 문제 찾기(필요성)

작성 Tip

현장의 상황을 반영하여 무엇이, 언제, 어디서 왜 발생했는지를 확인하는 것이다.

2. 트리즈 기법을 활용한 문제 분석

작성 Tip

추상화 사고를 통해 문제를개념화 한다.

알트슐러는 공학분야의 문제를 일반화 하여 39개 파라미터로 제시한바 있다.

3. 트리즈 기법을 활용한 문제해결 찾기

작성 Tip

개념문제를 개념해로 답을 찾을수 있도록 40가지 발명 원리를 활용한다.

4. 도출된 해결안 제시(기대효과)

작성 Tip

유추적 사고를 통해 현실상황에 적용하는 것이다.

부록 3.
XY-TRIZ 사례(일반부문)

TRIZ 한국트리즈협회 KOREA TRIZ ASSOCIATION

제1회
전국 트리즈 창의문제해결사례 경진대회

사례 제목	정수처리시설 개선사업의 문제 해결 (*참고: 2가지 사례입니다.)		
이름(참가자명)		제출일자	2019. 11. 27.
연락처(H.P)		이메일주소	

1. 문제 찾기(필요성)

◆ 검토 배경

✓ 2018년 5월 ~ 7월기간 동안 낙동강 원수 및 수돗물에서 과불화화합물 검출되었으며
본 과불화화합물은 발암성물질로 기존 정수처리시설에서 제거율이 매우 낮아 시민들에게 불안을 야기함

✓ 실제 이 기간동안 수돗물에 대한 불안감으로 인해 양치질도 생수로 하고, 생수 사재기" 현상까지 발생함

✓ 과불화화합물의 제거공정으로는 "분말활성탄(PAC)" 에 의한 흡착제거가 가장 효율이 높은 것으로 알려져 있어,
본 정수장에서는 낙동강 원수에 과불화화합물이 유입될 경우를 대비해 "분말활성탄 접촉조" 를 추가 설치하기
위한 "정수처리시설 개선사업" 을 추진중에 있음

✓ 본인이 "정수처리시설 개선사업" 에 대한 설계VE팀의 팀원으로 참여하여 원설계자가 작성한 설계도서를
검토하여 시설물의 성능과 품질은 향상하면서 공사비를 절감할 수 있는 방안을 검토함

(* 참고로, 본 검토는 2019년 3월 실시설계 설계VE과정에서 이루어졌으며, 현재는 공사 진행중에 있음)

1. 문제 찾기(필요성)

✓ 참고로, 건설기술진흥법 및 국토교통부 지침에 의해 100억이상의 건설공사에 대하여 "설계의 경제성 등 검토 (설계VE)"를 기본설계, 실시설계단계에 각각 1회이상 시행토록 하고 있으며, 설계VE에서 제시된 대안을 설계도서에 반영하여 공사를 시행하여야 함

✓ 원설계자가 작성한 설계도서는 발주청(지자체)의 감독관, 상수도전문가(교수) 집단의 자문회의를 거친 내용으로 기술적으로 완벽한 설계도서이며, 실제 원 설계도서 내용대로 공사를 시행할 예정이었음

◆ 문제 인식

✓ 본인이 설계VE팀의 팀원으로 참여하여 원 설계내용에서 다음의 문제를 인식하고, 원 설계에서 제시한 성능을 유지하면서 이상적인 방향으로 문제를 해결하고자 노력함

- 기존 시설 부지내에 설치하여야 하는 공간적인 제약조건 (원설계는 산지를 절취하는 것으로 설계함)
- 지하에 있는 기존 공동구, 배관과의 간섭으로 인한 시공성 불량
- 폭이 좁고 층고가 매우 높은 건축물로 인한 경관 저해
- 예산 초과 문제

1. 문제 찾기(필요성)

✓ 원 설계도서 검토

◆ 처리공정 검토

과불화화합물 및 항생제/의약품 처리공정

구 분	과불화화합물	항생제 및 의약물질
매곡문산정수장 수처리공정	전오존+응집침전여과+후오존+GAC	
적용가능공정	활성탄(GAC, PAC), RO	산화(오존,AOP), 활성탄(GAC, PAC)

➡ GAC공정이 운영중이나, 분기별 1회 측정 및 GAC파과시 적정 대처가 어려움.
➡ 안정적 정수처리시스템 구축을 위해 비상시설로 분말활성탄처리공정을 신설토록 계획

A 정수장 분말활성탄 시설계획

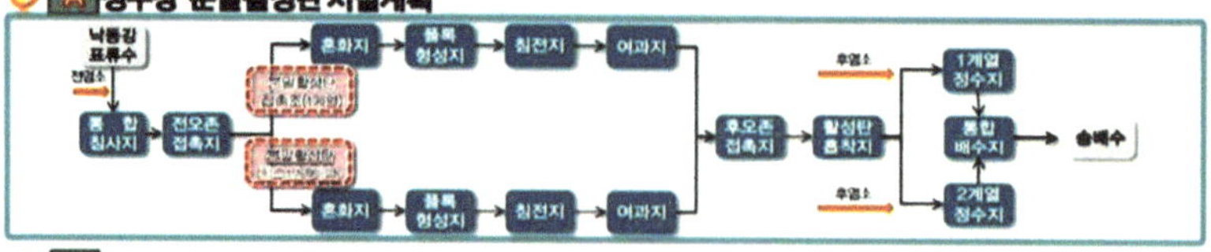

B 정수장 분말활성탄 시설계획

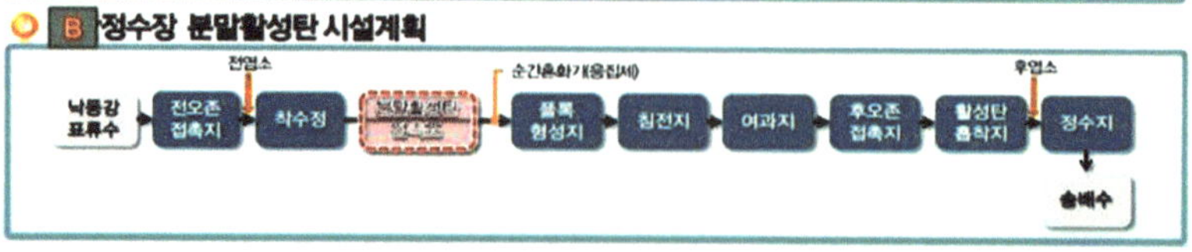

1. 문제 찾기(필요성)

◆ 건설분야 설계VE 활동을 하면서 생기는 고민은?

✓ 발주자, 설계자로부터 "법적 의무 절차다" 라고 들은 적이 있다!

✓ 단순한 설계도서 검토 수준에 머물고 있다!

✓ 원설계의 도면,수량, 단가 산출 오류만 찾고 있다!

✓ 브레인스토밍을 해도 아이디어 창출이 잘 안된다!

✓ 획기적인, 즉 창의적인 대안 제시가 잘 안된다!

➡ WHY ???

1. 문제 찾기(필요성)

✓ 설계VE에서 TRIZ 활용의 필요성

■ 설계VE참여자들이 기능정의와 FAST Diagram 작성을 중요하게 생각하지 않고, 본인의 전문지식과 경험을 이용하여 대안 제시

- 기능정리인 FAST Diagram 작성이 매우 어렵고,귀찮은 작업임
- 본인의 심리적 타성, 고정관념을 벗어나지 못하고, 원설계에 숨겨진 모순을 해결하지 못해서…
- 단순한 설계도서 오류 찾기나 단가 변경, 저렴한 자재로 변경 등 초기공사비 절감에 초점을 맞춘 아이디어도 많음

■ 발주자 입장에서는 창의적이지 못한 대안이라 생각하는 경우가 많음

⬇

■ 설계VE참여자들이 시설물의 구성요소, 각 시설물의 기능을 이해하는데 도움을 주어 전반적인 프로젝트의 이해정도를 높이고,

■ 원설계의 가치(Value) 향상을 위한 아이디어 창출 과정을 용이하게 할 수 있는 TRIZ와 같은창의적 발상 도구의 활용이 필요

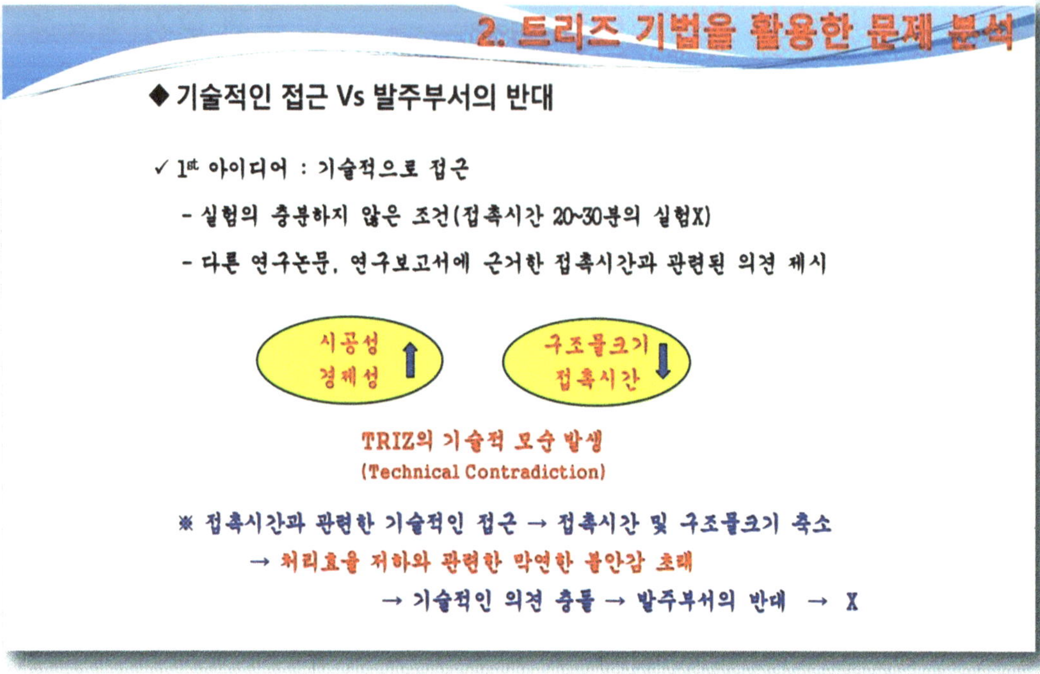
2. 트리즈 기법을 활용한 문제 분석
◆ 기술적인 접근 Vs 발주부서의 반대
✓ 1st 아이디어 : 기술적으로 접근
- 실험의 충분하지 않은 조건(접촉시간 20~30분의 실험X)
- 다른 연구논문, 연구보고서에 근거한 접촉시간과 관련된 의견 제시
시공성
경제성
구조물크기
접촉시간
TRIZ의 기술적 모순 발생
(Technical Contradiction)
※ 접촉시간과 관련한 기술적인 접근 → 접촉시간 및 구조물크기 축소
→ 처리효율 저하와 관련한 막연한 불안감 초래
→ 기술적인 의견 충돌 → 발주부서의 반대 → X

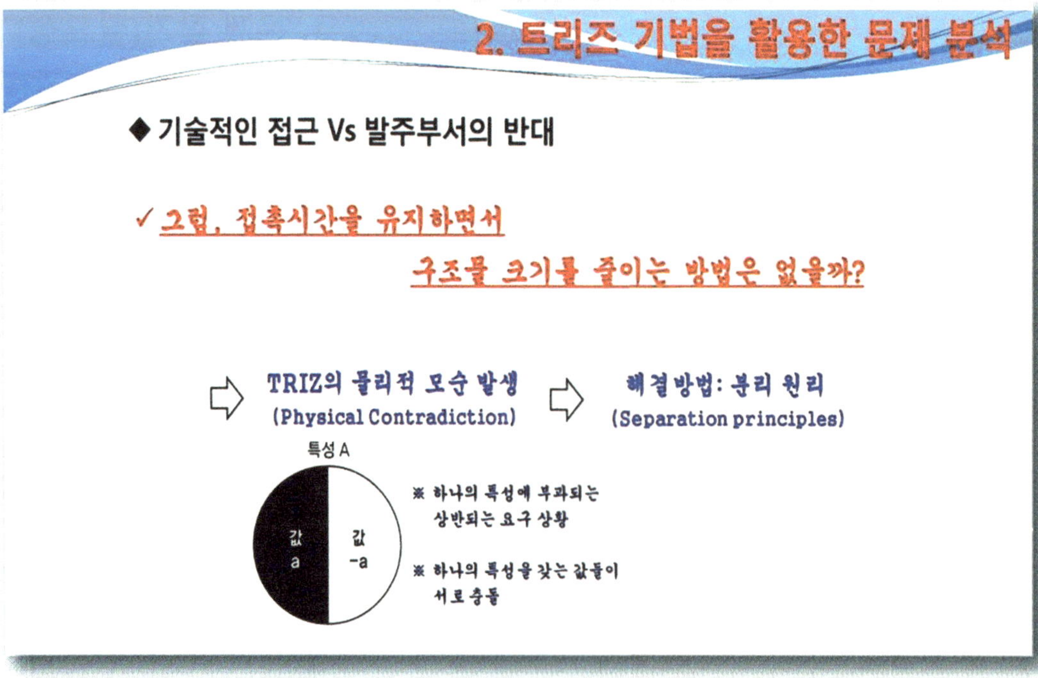
2. 트리즈 기법을 활용한 문제 분석
◆ 기술적인 접근 Vs 발주부서의 반대
✓ 그럼, 접촉시간을 유지하면서
구조물 크기를 줄이는 방법은 없을까?
TRIZ의 물리적 모순 발생
(Physical Contradiction)
해결방법: 분리 원리
(Separation principles)
특성 A
값
a
값
-a
※ 하나의 특성에 부과되는
상반되는 요구 상황
※ 하나의 특성을 갖는 값들이
서로 충돌

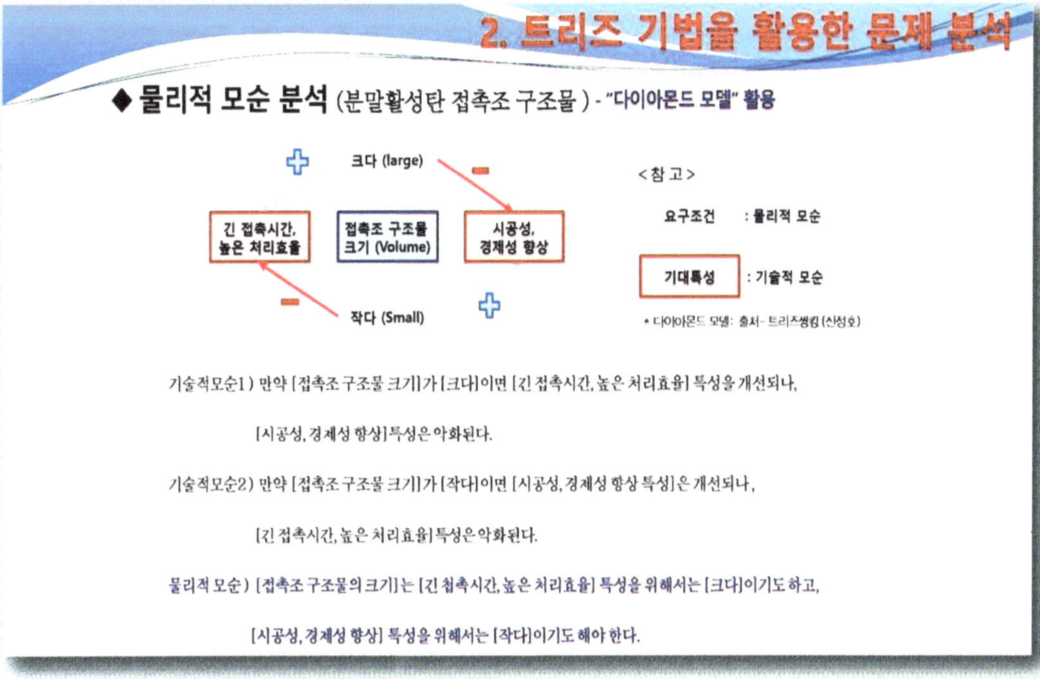
2. 트리즈 기법을 활용한 문제 분석
◆물리적 모순 분석 (분말활성탄 접촉조 구조물) - "다이아몬드 모델" 활용
크다 (large)
긴 접촉시간, 높은 처리효율
접촉조 구조물 크기 (Volume)
시공성, 경제성 향상
작다 (Small)
<참 고>
요구조건 : 물리적 모순
기대특성 : 기술적 모순
* 다이아몬드 모델: 출처- 트리즈씽킹 (신성호)
기술적모순1) 만약 [접촉조 구조물 크기]가 [크다]이면 [긴 접촉시간, 높은 처리효율] 특성을 개선되나,
[시공성, 경제성 향상]특성은 악화된다.
기술적모순2) 만약 [접촉조 구조물 크기]가 [작다]이면 [시공성, 경제성 향상 특성]은 개선되나,
[긴 접촉시간, 높은 처리효율]특성은 악화된다.
물리적 모순) [접촉조 구조물의 크기]는 [긴 접촉시간, 높은 처리효율] 특성을 위해서는 [크다]이기도 하고,
[시공성, 경제성 향상] 특성을 위해서는 [작다]이기도 해야 한다.

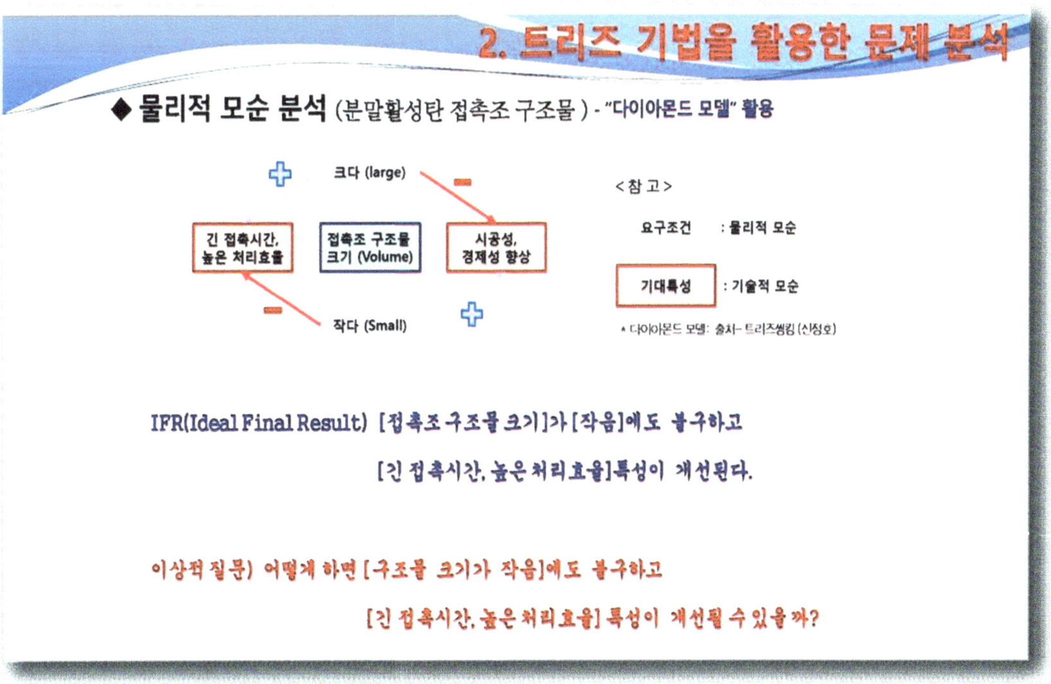
2. 트리즈 기법을 활용한 문제 분석
◆물리적 모순 분석 (분말활성탄 접촉조 구조물) - "다이아몬드 모델" 활용
크다 (large)
긴 접촉시간, 높은 처리효율
접촉조 구조물 크기 (Volume)
시공성, 경제성 향상
작다 (Small)
<참 고>
요구조건 : 물리적 모순
기대특성 : 기술적 모순
* 다이아몬드 모델: 출처- 트리즈씽킹 (신성호)
IFR(Ideal Final Result) [접촉조 구조물 크기]가 [작음]에도 불구하고
[긴 접촉시간, 높은 처리효율]특성이 개선된다.
이상적 질문) 어떻게 하면 [구조물 크기가 작음]에도 불구하고
[긴 접촉시간, 높은 처리효율] 특성이 개선될 수 있을까?

3. 트리즈 기법을 활용한 문제해결 찾기

◆ 물리적 모순 극복 (분말활성탄 접촉조 구조물)

✓ 분리 질문하기

분리 원리	분리원리 적용 질문
시간 분리	분말활성탄 접촉조(접촉시간)가 항상 커야 하나? 아니면 특정시간에만 커면 되나?
공간 분리	분말활성탄 접촉조(접촉시간)의 모든 부분이 커야 하나? 아니면 특정부분만 커면 되나?
조건 분리	모든 조건에서 분말활성탄 접촉조(접촉시간)가 커야 하나? 아니면 특정 조건에만 커면 되나?
전체와 부분 분리	부분적인 분말활성탄 접촉조(접촉시간)는 작지만 기존의 전체 시설에서 접촉시간을 크게 확보하면 어떨까?

✓ 일반해결안 도출

분리 원리	일 반 해 결 안	
시간 분리	평소에는 작지만 특정시간에 커지도록 만들자	×
공간 분리	분말활성탄 접촉조 공간을 2층으로 나누어 전체 크기를 작게 만들자	×
조건 분리	유량이 없거나 적을 때는 작지만, 유량이 클때는 접촉조가 커지도록 만들자	×
전체와 부분 분리	(한 부분에 해당되는) 분말활성탄 접촉조(접촉시간)는 작지만, 기존 시설과 결합하여 접촉시간을 크게 확보하자	○

3. 트리즈 기법을 활용한 문제해결 찾기

◆ 주변 자원 활용

■ 분말활성탄접촉조의 기능
✓ 물과활성탄의 접촉을 원활히한다.
✓ 접촉시간을 길게 확보한다

- 주변 시설물의 기능정의를 통해 "후단 연결관로"가 신설되는 "분말활성탄 접촉조"와 동일한 기능(물과 활성탄의 접촉시간 확보)임을 확인함

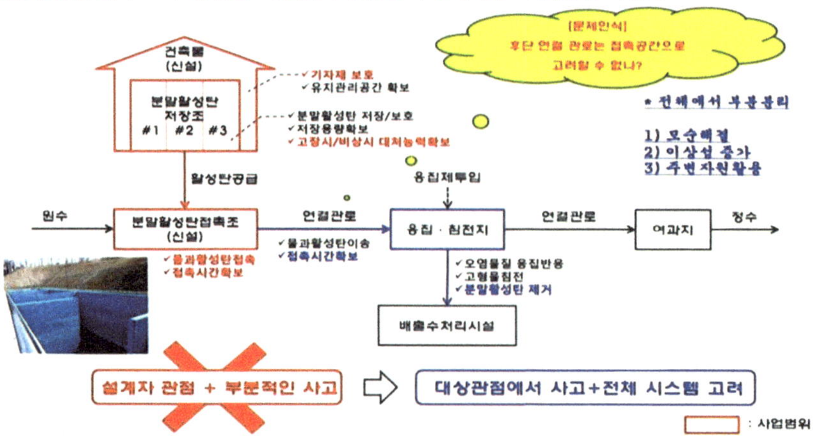

3. 트리즈 기법을 활용한 문제해결 찾기

◆ 문제 해결 찾기 과정 요약

✓ IFR(Ideal Final Result) : [접촉조 구조물 크기]가 [작음]에도 불구하고
[긴 접촉시간, 높은 처리효율]특성이 개선된다.

✓ 물리적 모순) [접촉조 구조물의 크기]는 [긴 접촉시간, 높은 처리효율] 특성을 위해서는 [크다]이기도 하고,
[시공성, 경제성 향상] 특성을 위해서는 [작다]이기도 해야 한다.

✓ 주변자원 활용) 주변 시설물의 기능정의를 통해 "후단 연결관로" 가 신설되는
"분말활성탄 접촉조" 와 동일한 기능(물과 활성탄의 접촉시간 확보)임을 확인함

➢ 일반 해결안 도출 : 전체와 부분분리 적용

(한 부분에 해당되는) 분말활성탄 접촉조(접촉시간)는 작지만,
기존 시설(후단 연결관로)과 결합하여 접촉시간을 크게 확보하자.

➢ 아이디어 구체화 (해결안 도출)

<u>분말활성탄 접촉조용량을 후단 관로 접촉시간을 고려하여 축소한다.</u>

4. 도출된 해결안 제시(기대효과)

◆ 제안 내용 (실시설계에 반영되어 현재 시공중에 있음)

제안내용: 분말활성탄 접촉조용량을 후단 관로 접촉시간을 고려하여 축소한다.

제 안 내 용

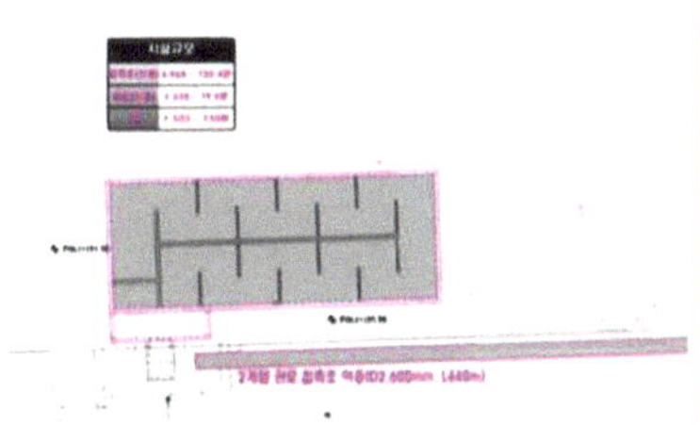

후단 관로 440m의 접촉시간(10분) 고려

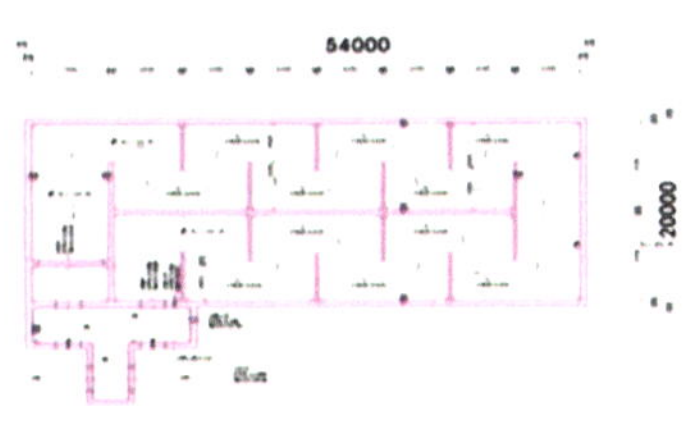

B54m x L20m x H4.6m(접촉시간20분)

- 후단 관로 접촉시간(10분)을 고려하여
  신설 구조물 크기를 30분→20분으로 축소
- 시공성 향상, 공기단축, 공사비 절감, 유지관리성 향상
- 행정의 신뢰성 제고

< 성능(P) +25%, 가치(V) +31%,
비용(C) 10억원 절감 >

이상성(Ideality) 증가

※ 당초에 인식한 문제인 공간적인 제약조건에 따른 산지 절취 생략, 지하의 기존 공동구 및 배관과의 간섭 회피로 시공성 향상, 예산초과 문제 해소 (공사비 절감 10억원) -> 이상성 증가

부록 4.
XY-TRIZ 사례(학생부문)

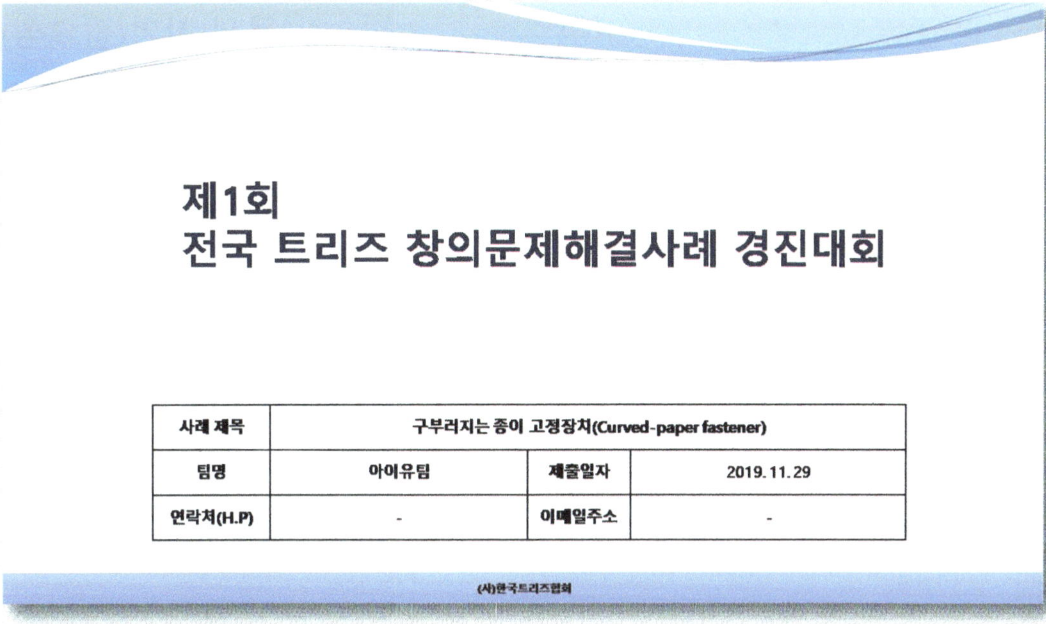

사례 제목	구부러지는 종이 고정장치(Curved-paper fastener)		
팀명	아이유팀	제출일자	2019. 11. 29
연락처(H.P)	-	이메일주소	-

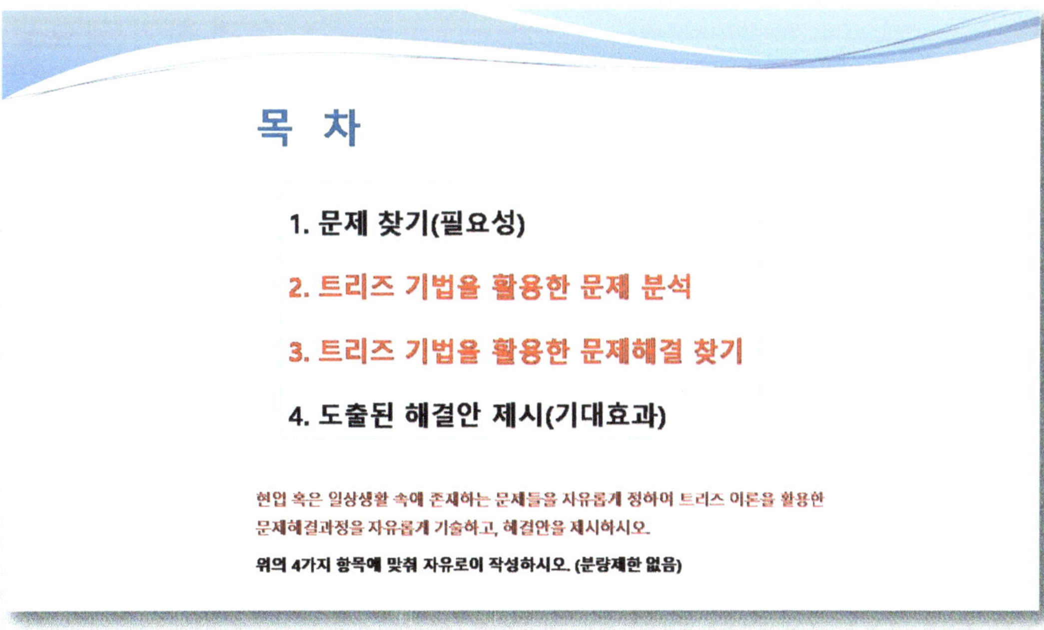

1. 문제 찾기(필요성)

STEP 1 : 경계영역의 도식화

스테이플러의 밑부분(+윗부분)의 길이가 짧기 때문에 종이의 가운데 부분, 즉 종이의 깊은 안쪽 부분을 찝기가 어렵다.

1. 문제 찾기(필요성)

STEP 1 : 경계영역의 도식화

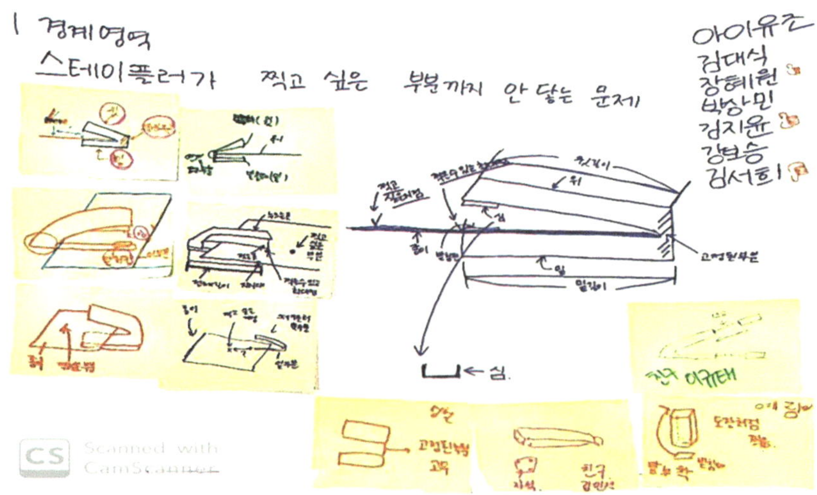

1. 문제 찾기(필요성)

STEP 1 : 경계영역의 도식화

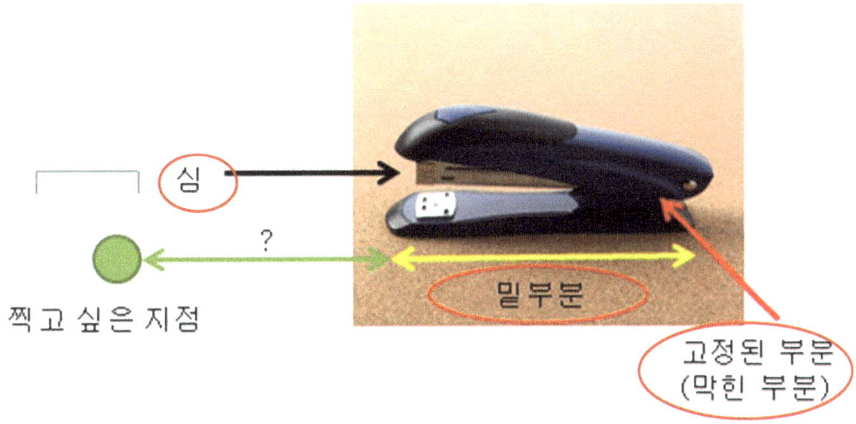

2. 트리즈 기법을 활용한 문제 분석

STEP 2 : 원인분석과 모순의 도출

2-1. 등장인물별 근본원인 분석표

고정된 부분	고정된 부분이 막혀있는 것이 문제다.	막힘여부
밑부분	밑부분이 총길이가 짧은 것이 문제다. 밑부분이 존재하는 것이 문제다.	길이 존재여부
심	심의 모양이 문제다.	모양
윗부분	윗부분의 총길이가 짧은 것이 문제다. 밑부분이 존재하는 것이 문제다.	길이 존재여부
받침판	받침판이 고정되어 있는 것이 문제다.	고정성

2. 트리즈 기법을 활용한 문제 분석

STEP 2 : 원인분석과 모순의 도출

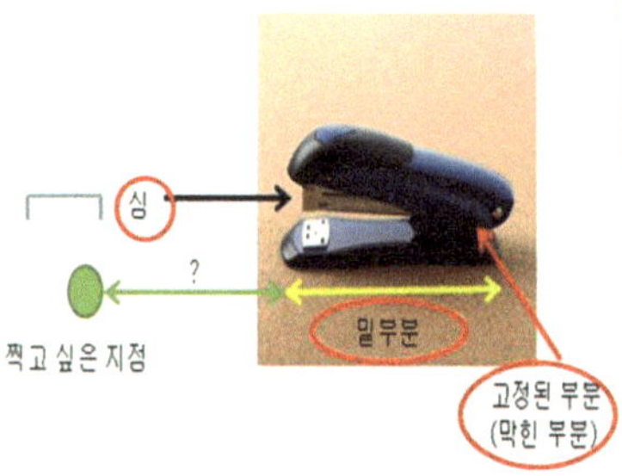

등장인물	근본원인 (등장인물이 ~~한 것이 원인/문제다)	물리요소 /물리적모순
고정된 부분	고정된 부분이 막혀있는 것이 문제다.	고정된 부분의 막힘 여부
밑부분	밑부분(+윗부분)의 총 길이가 짧은 것이 문제다.	밑부분(+윗부분)의 길이
	밑부분이 존재하는 것이 문제다.	밑부분의 존재 여부
심	심의 모양이 문제다.	심의 모양

2. 트리즈 기법을 활용한 문제 분석

STEP 2 : 원인분석과 모순의 도출

2-2. 모순문장

1. 고정된 부분이 더 깊은 곳까지 찝으려면 막혀 있지 않아야 하고,
   휴대의 편리를 위해서는 막혀 있어야 한다. (고정된 부분의 막힘 여부)

2. 밑부분이 더 깊은 곳까지 찝으려면 길어야 하고,
   휴대의 편리를 위해서는 짧아야 한다. (밑부분의 길이)

3. 심이 종이를 뚫기 위해서는 끝부분이 고정되어야 하고,
   받침대 없이도 접기 위해서는 고정되지 않아야 한다. (심의 유동성)

2. 트리즈 기법을 활용한 문제 분석

STEP 2 : 원인분석과 모순의 도출

← 이 모순을 해결하기로 결정

- 모순문장1 – 더 깊은 곳까지 찝기 위해서는 고정된 부분이 막혀있지 않아야 하고, 휴대의 편의를 위해서는 고정된 부분이 막혀있어야 한다. ⇒ (고정된 부분의 막힘 여부)
- 모순문장2 –더 깊은 곳까지 찝기 위해서는 밑부분(+윗부분)이 길어야 하고, 휴대의 편의를 위해서는 밑부분(+윗부분)이 짧아야 한다. ⇒ (밑부분(+윗부분)의 길이)
- 모순문장3 – 심이 종이를 뚫기 위해서는 끝부분이 직각 모양으로 고정되어야 하고, 받침대 없이도 마무리 되기 위해서는 직각 모양으로 고정되지 않아야 한다. ⇒ (심의 모양)

3. 트리즈 기법을 활용한 문제해결 찾기

STEP 3 : 모순 분석과 문제의 해결

분리원리	모순1의 분석
시간분리	가지고 다닐 때나 충분히 찝을 수 있는 짧은 거리일 때에는 고정된 부분이 막혀있어야 하고, 찝을 수 없는 먼 거리일 때에는 고정된 부분이 막혀있지 않아야 한다.
공간분리	심을 찝을 때 모양 잡아주는 아래 쪽의 받침판을 정확하게 이용하기 위해서 아랫부분과 심을 찍는 윗부분을 연결하는 부분(고정된 부분)은 막혀있어야 하고, 깊은 곳을 찍기 위해서 긴 종이가 스테이플러 안쪽으로 들어가는 부분은 막혀있지 않아야 한다.

3. 트리즈 기법을 활용한 문제해결 찾기

STEP 3 : 모순 분석과 문제의 해결

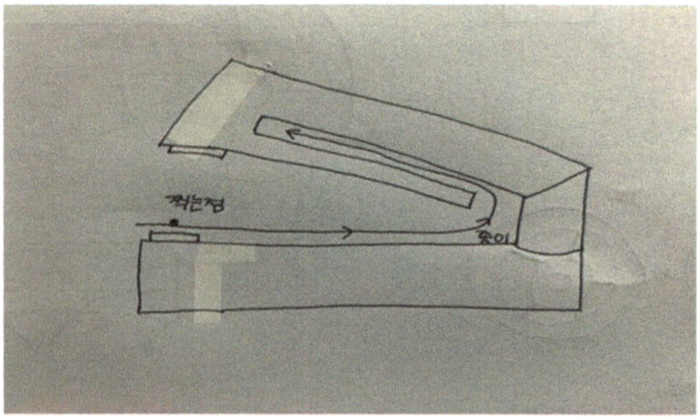

위의 부분에 종이를 끼워 넣을 수 있는 공간을 만든다. 종이를 위쪽으로 끼워서 종이의 안쪽까지 스테이플러로 찝는 것이 가능해진다.

4. 도출된 해결안 제시(기대효과)

STEP 4 : 선행기술분석

	선행기술 분석
발명의 명칭	찍는 종이의 깊이 조절이 되는 호쯔끼스(Adjustable depth stapler)
출원/공개/등록 번호	출원번호 : 1020160083746
(간단한) 요지	찍는 종이의 깊이 조절이 되는 스테이플러, 수평 지지대를 수직 지지대의 상부와 하부에 연결하고 상부의 수평 지지대의 끝 부분에 수직 이동대를 형성하고 수직 이동대의 끝 부분에 스테이플러의 받침대를 제외한 상부를 형성하는 것을 특징으로 하는 스테이플러
유사점	종이를 깊이 찍기 위해서 종이를 위한 공간이 만들어진 것이 비슷하다.
차이점 (신규성)	선행기술은 종이를 위한 공간을 마련하기 위해 스테이플러의 크기가 커졌지만 우리 발명은 기성 스테이플러 사이즈이다.
선행기술의 한계 (단점 2~3 가지 정도)	종이를 위한 공간이 스테이플러의 바깥에 위치하여 크기가 커져서 휴대의 편리함이 떨어진다. 조임 볼트가 있어서 스테이플러의 윗부분을 누를 때 불편하다. 작동방법이 복잡하다. 수직 이동대가 휘는 등 손상되면 윗부분과 아랫부분을 맞추기 어렵다.
우리 발명의 장점 (진보성)	종이를 위한 공간이 스테이플러 내에 위치하여 기존 스테이플러 크기와 같은 휴대하기 좋은 사이즈이다. 기존 스테이플러와 크게 다르지 않아 작동방법이 간단하다.

4. 도출된 해결안 제시(기대효과)

STEP 5 : 발명의 구체화

발명의 명칭: 국문 (영문)

구부러지는 종이 고정장치(Curved-paper fastener)

기존 제품 및 선행기술의 문제점

- 기존 제품은 종이를 찝을 수 있는 범위가 한정적이다.
- 선행기술은 차지하는 부피가 기존 제품에 비해 커서 휴대가 편리하지 않고, 몸체의 일부분이 조금만 손상되어도 스테이플러의 윗부분과 아랫부분이 틀어져 제 기능을 할 수 없다.

우리 발명의 장점 및 효과 (신규성+진보성)

- 종이를 깊게까지 찝을 수 있도록 기존 제품 내부에 종이가 들어갈 수 있는 공간을 마련하였고, 그렇게 함으로써 기성제품과 크기가 비슷하게 되어서 휴대에 편리하다.
- 단순히 종이를 구부려 넣는 것이 아니라 종이가 들어가는 길을 만들어주고, Curved-paper fastener를 활짝 열어 종이를 넣은 후 Curved-paper fastener를 구부리면 종이 가림막에 의해 종이에 큰 손상 없이 찝을 수 있다.

4. 도출된 해결안 제시(기대효과)

STEP 5 : 발명의 구체화

발명 기초도면 + 구성요소별 명칭 + 도면부호

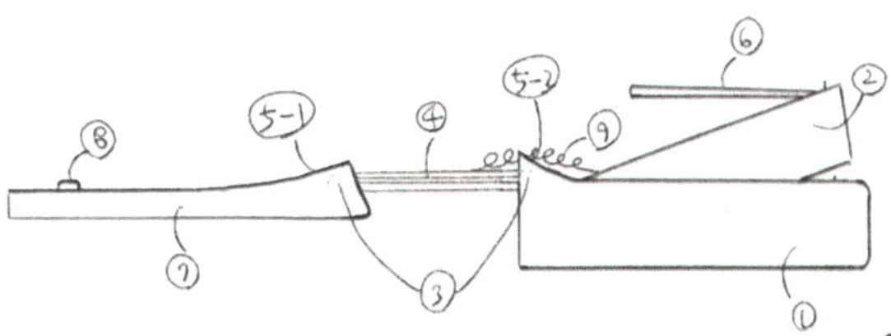

1. 압박부
2. 저장부
3. 회전부
4. 상하부 연결부분
5-1. 고정장치1
5-2. 고정장치2
6. 종이 가림막
7. 받침부
8. 받침판
9. 탄성부

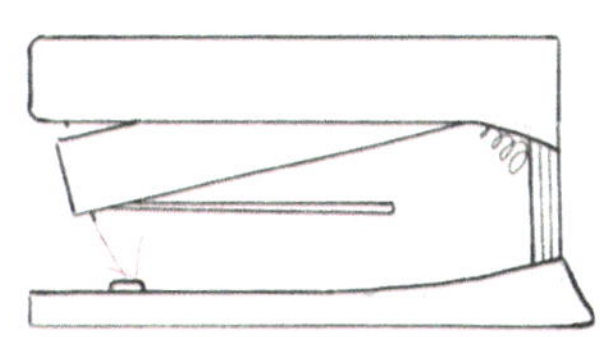

4. 도출된 해결안 제시(기대효과)

STEP 5 : 발명의 구체화

발명 기초도면 + 구성요소별 명칭 + 도면부호

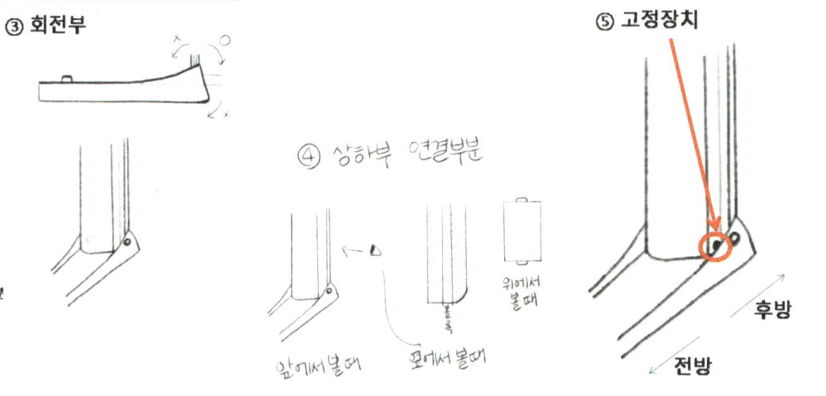

1. 압박부
2. 저장부
3. 회전부
4. 상하부 연결부분
5-1. 고정장치1
5-2. 고정장치2
6. 종이 가림막
7. 받침부
8. 받침판
9. 탄성부

4. 도출된 해결안 제시(기대효과)

STEP 5 : 발명의 구체화

발명의 사용방법

- **발명의 사용방법**

1. 고정장치1(5-1)과 고정장치2(5-2)의 고정을 해제하여 Curved-paper fastener의 압박부(1), 받침부(7), 상하부 연결부분(4)을 일직선이 되도록 편다.
2. 펴진 상태에서 찍고자 하는 종이 위치를 받침판(8)에 일치 시킨다.
3. 그 상태에서 고정장치1(5-1)과 고정장치2(5-2)의 고정을 해제하여 Curved-paper fastener를 구부린다.
4. Curved-paper fastener의 압박부(1)를 눌러 종이를 찍는다.

발명의 작동방식, 제조방법

- **발명의 작동 방식**

- 구부리고 피는 과정에서 고정장치1(5-1)은 받침부(7)와 상하부 연결부분(4)이 일직선으로 스스로 펴지는 것을, 고정장치2(5-2)는 압박부(1)와 상하부 연결부분(4)이 스스로 구부러지는 것을 고정한다.

- **발명의 제조방법**

- 상하부 연결부분(4)은 회전부(3)에 의해 후방으로는 펴지지만 전방으로는 펴지지 않도록 후방의 하단은 둥글게, 전방의 하단은 각지게 만든다.

- 고정장치1(5-1)과 고정장치2(5-2)는 고정되어있을 때 상하부 연결부분(4)의 전방에 위치한다.

부록 5.
트리즈 앱(App.) 소개

트리즈 앱(App.)은 한국트리즈협회가 2020년 개발한 것으로써 안드로이드 기반의 프로그램으로 책을 구입하면 무료로 사용할 수 있다. 한국트리즈협회 홈페이지(triz.or.kr)에서 트리즈 앱을 확인할 수 있다. 트리즈 앱(App.)을 사용하기 위하여 아래와 같이 예제를 들어 설명한다. 교재에 제시된 타이어 펑크 문제를 트리즈 앱(App.)으로 해결해 보자. 트리즈 앱(App.)은 기술적 모순과 물리적 모순을 동시에 해결할 수 있도록 개발하였다.

<기술적 모순해결>

(1) 기술적 모순 정형화

- TC1 : 만약 내부를 두껍게 보강하면 펑크를 개선할 수 있지만 모양이 나빠진다.

(2) 일반 변수로 전환

- 개선되는 특성 : 27번 신뢰성
- 악화되는 특성 : 12번 형상(모양)

(3) APP을 활용하여 발명 원리 도출

① 개선되는 특성(유용한 항목)에 27번 신뢰성을 입력한다.
② 악화되는 특성(유해한 항목)에 12번 형상(모양)을 입력한다.

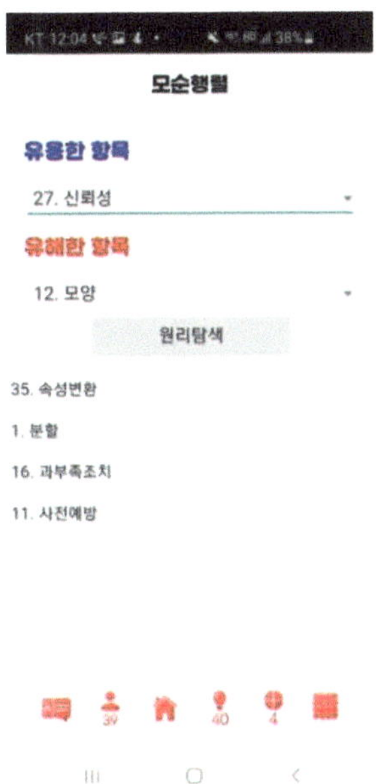

③ 원리탐색을 클릭한다. 그러면 40가지 발명 원리 중에서 4가지가 선택된다.

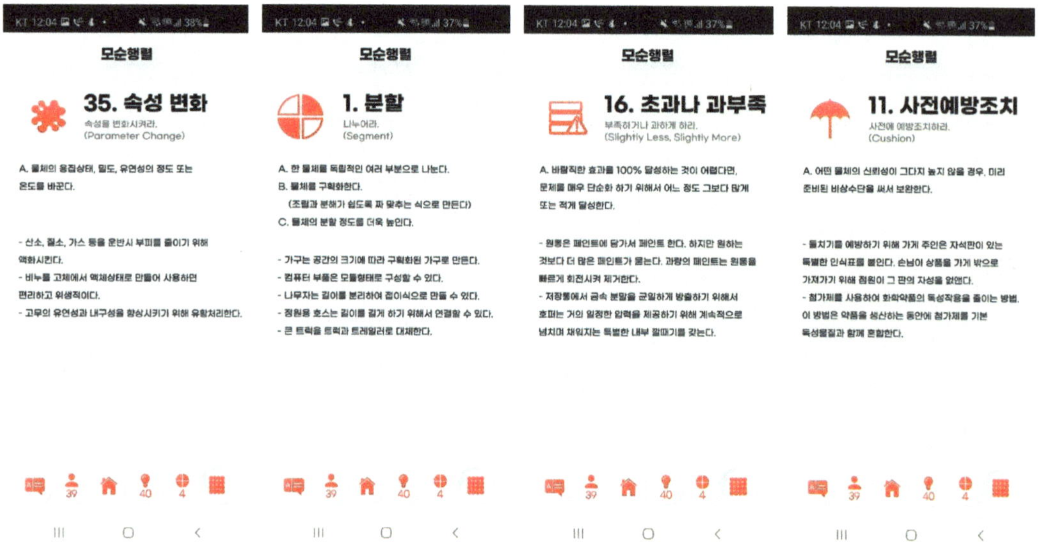

(4) 선정된 발명 원리를 이용하여 해결안 도출

① 35번 속성변화를 이용한 아이디어 도출

② 1번 분할을 이용한 아이디어 도출

③ 16번 초과나 과부족을 이용한 아이디어 도출

④ 11번 사전예방조치를 이용한 아이디어 도출

<물리적 모순해결>

(1) 기술적 모순 정형화

- TC1 : 만약 내부를 두껍게 보강하면 펑크를 개선할 수 있지만 모양이 나빠진다.

(2) 물리적 상태가 요구되는 시간과 영역분석

- 물리적 모순 : 타이어 두께는 두꺼워야 하고, 얇아야 한다.

(3) 4가지 분리의 원리를 찾아본다.

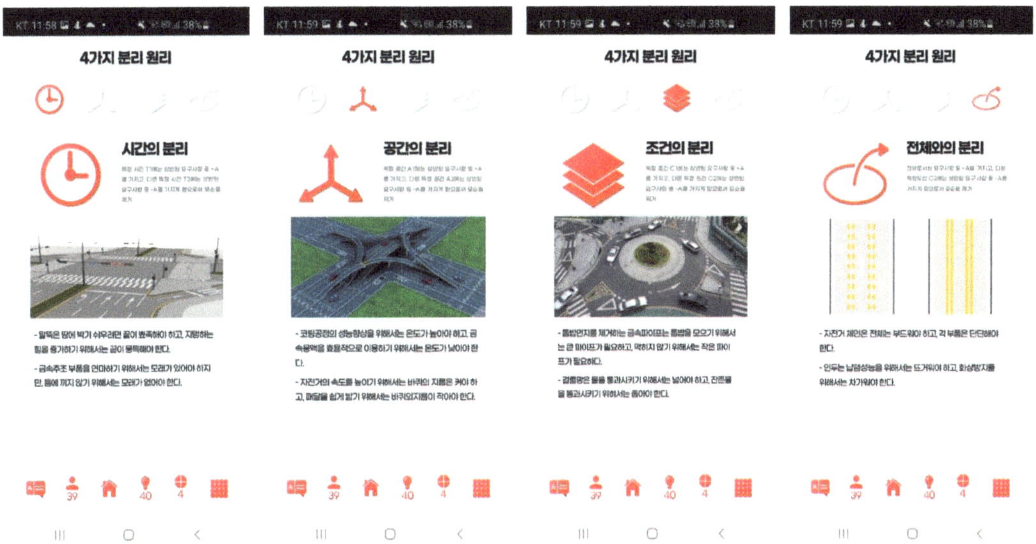

(4) 4가지 분리의 원리를 이용하여 해결안 도출

① 시간의 분리를 이용한 아이디어 도출

② 공간의 분리를 이용한 아이디어 도출

③ 조건의 분리를 이용한 아이디어 도출

④ 전체와 부분의 분리를를 이용한 아이디어 도출

부록 6.
트리즈 40가지 발명 원리

1. 분할(Segmentation)

원리 :

가. 한 물체를 독립적인 여러 부분으로 나눈다.
나. 물체를 구획화 한다(조립과 분해가 쉽도록 짜 맞추는 식으로 만든다).
다. 물체의 분할 정도를 더욱 높인다.

사례 :

- 가구는 공간의 크기에 따라 구획화된 가구로 만든다.
- 컴퓨터 부품은 모듈형태로 구성할 수 있다.
- 나무 자는 길이를 분리하여 접이식으로 만들 수 있다.
- 정원용 호스는 길이를 길게 하기 위해서 연결할 수 있다.
- 큰 트럭을 트럭과 트레일러로 대체한다.
- 게임기의 화면을 분할한 닌텐도 DS
- 제품 단위 별로 조직을 분할
- 시장 세분화 : 잠재 구매자들을 공통 요구를 가진 그룹으로 무리 짓기
- 기업의 독립적인 세일즈 지역 센터
- 사우스웨스트 항공은 탑승수속 업무를 작은 단위로 나누고 간소화시켜서 업무 처리 속도를 향상시켰음
- 중등학생을 위한 e러닝(M베스트)

2. 추출(Extraction)

원리 :

가. 물체에서 '방해가 되는'부분이나 특성을 추출(제거 또는 분리)한다.
나. 물체에서 '필요한'부분이나 특성만을 추출한다.

사례 :

- 공항에서 새들을 겁주어 쫓아내기 위해서 새를 자극하는 것으로 알려진 소리를 녹음기를 사용하여 재생한다(소리가 새로부터 분리되었다).
- 룸에어컨의 압축기는 건물 밖으로 분리시킨다.
- X-선의 보호판은 X-선으로부터 탈모를 보호한다.
- 수중 구조대원은 산소배낭을 분리하여 자유롭게 움직일 수 있다.
- 줄 없는 줄넘기
- 피자업체 중에서 매장 영업부분을 없애고 배달 매출만 올리는 점포도 있음
- 서비스 업종에서는 상습 컴플레인 고객(블랙 컨슈머) 리스트를 별도로 관리하여 디마케팅을 실시함
- 룸 에어컨 실외기의 모터 소음을 피하기 위해 건물 밖으로 분리함
- 캐나다 태양의 서커스단 시르크 뒤 솔레이유는 동물 및 마술쇼를 제거 후 고급화
- 아웃소싱(마케팅, 세일즈와 광고활동의 하도급, 외주)

3. 국부적 성질(Local quality)

원리 :

가. 물체나 외부환경(작용)의 구조를 동질적인 것에서 이질적인 것으로 바꾼다.
나. 물체의 여러 부분들이 서로 다른 기능을 수행하게 한다.
다. 물체의 각 부분을 그 작동에 가장 바람직한 조건이 되도록 배치한다.

사례 :

- 탄광에서 분진을 줄이기 위해 굴착기와 적재기의 작업장소에 원추형의 미세한 물안개를 분사한다. 물망울이 작아질수록 분진억제 효과는 커지지만, 미세한 물안개가 굴착작업을 방해한다. 해결책은 원추형의 미세한 물안개 주위에 거친 물 입자 층을 만드는 것이다.
- 연필과 지우개를 하나로 모은다.
- 벼의 낟알 크기에 따라 볍씨를 선별하고, 따로 따로 건조하여 낟알에 흠이 생기는 것을 줄인다.
- 노키아 초저가 핸드폰(Hope-on)
- 획일적인 급여 구조로부터 탈피한 능력급 지급
- 가변 근무시간(Flexible Time) 운영
- 프랜차이즈 패스트푸드점은 공통적인 메뉴 외에 그 지역 특유의 메뉴가 있음
- 지역특성에 따라 다른 판촉 프로그램을 운영한다.
- 제품특성에 따라 생산공장의 품질수준을 다르게 한다.

4. 비대칭(Asymmetry)

원리 :

가. 물체의 대칭형을 비대칭으로 대체한다.
나. 물체가 이미 비대칭이라면, 그 비대칭의 정도를 더욱 높인다.

사례 :

- 타이어의 한쪽 면은 곡선 길의 영향을 견디기 위해 다른 쪽 면보다 강하다.
- 대칭형 깔때기로 젖은 모래를 배출할 때, 모래가 불규칙 흐름을 일으켜 통로 위에 아치를 만든다. 비대칭 형태의 깔때기는 아치현상을 완전히 제거한다.
- 잡는 부분이 비대칭형 바이스는 긴 부품을 수직으로 잡을 수 있다.
- 자동차의 헤드라이트는 원거리 불빛과 단거리 불빛을 요구한다. 두 개의 조명으로 상향등과 하향등으로 해결하였다.
- 기밀성 유지를 위해 원형의 'O링' 을 타원형으로 한다.
- 말레이시아 페트로나스 타워 최 상층부 건설 시에 삼성건설은 높이 차이를 두고 두 개의 타워 크레인을 설치하여 경쟁사인 일본 건설회사 보다 먼저 공정을 완료함
- B2C 시장과 B2B 시장의 마케팅 전략 차이
- 신흥시장과 성숙시장의 영업전략 차이
- 운하 갑문의 수면 높이 차이를 이용하여 배를 이동시킴
- 아날로그 고객과 디지털 고객의 판촉 차이
- Cross functional workshop(직무, 직급별)

5. 통합(Combining, Integration)

원리 :

가. 동질적인 물체 또는 연속적으로 작동하도록 되어 있는 물체들을 공간적으로 통합한다.

나. 동질적이거나 연속적인 동작을 시간적으로 통합한다.

사례 :

- 회전형 굴착기의 작업요소는 일 단계로 언 땅을 녹여 부드럽게 하기 위해서 특별한 스팀 노즐을 갖고 있다.
- 침몰한 배의 작은 공기 돔에 갇힌 사람을 헬멧의 도움으로 수면으로 데려오기 위한 수중 구조장치. 이 장치는 잠수복에 부착된 밸브에 연결하기 위한 호스와 연결부품(이것이 헬멧에 공급되는 공기를 제어해줌)을 갖춘 2~3개의 헬멧을 갖고 있다.
- 혈액으로 다양한 검사를 할 수 있는 의료진단기기
- VTR과 TV를 동시에 시청할 수 있는 VTR TV
- 스타벅스의 바리스타(Barista)는 주문, 제조, 서비스를 동시에 제공하는 기능을 수행함
- 움직이는 런닝머신 나이키 플러스 운동화(나이키 신발에 애플사 MP3 키드를 장착하여 운동 후 운동거리 및 소모 칼로리를 알려줌)
- KT의 One Stop 서비스(한 번 방문으로 유선 / 모바일 / 인터넷 종합서비스 제공)
- 런던 시티은행의 One Call 서비스
- 놀이공원의 자유이용권/ 복합선물세트/ 할인 패키지 상품
- 쇼핑몰(유통 + 영화 + 전시장 + 음식 + 스포츠센터 + 전문점 + 병원)
- 멀티영화상영관

6. 범용성/다용도(Universality)

원리 :

가. 한 가지 물체로 여러 가지 다른 기능을 수행하게 한다. 그러면, 일부 다른 물체에 대한 필요성을 제거할 수 있다.

사례 :

- 소파는 낮에는 소파로 소파가 밤에는 침대로 바꾼다.
- 소형 짐차 좌석은 앉고, 자고, 짐을 나를 수 있도록 조정된다.
- 원유를 목적지까지 운송하는 동안 그것을 정제하는 유조선
- 담배잎과 같은 재료를 건조기계까지 수화수송(hydrotransportation)하는 방법. 이 방법은 담배잎의 세척과 동시에 색상의 보존을 고려하여 물을 약 80~85℃로 가열하기 때문에 창의적이다.
- 스위스 칼(일명 맥가이버 칼)
- 쇼핑몰과 옥션기능을 동시에 갖춘 오픈마켓
- PB(Private Banking)는 자산관리, 자산운용, 부가서비스를 동시에 제공함
- 일본 미쓰이 스미토모 은행의 SMBC 컨설팅 플라자(개인형으로 특화된 자산 컨설팅 점포)
- 매트릭스 조직(라인과 기능, 프로젝트 기능을 동시에 수행)
- 침대 겸 쇼파 / 형광등 살균 램프 / 축구의 수비형 공격수(리베로)

7. 포개기(Nesting)

원리 :

가. 한 물체를 다른 물체 속에 넣는다. 그 물체를 또 다른 물체 속에 넣는다.
나. 한 물체가 다른 물체의 구멍을 통과한다.

사례 :

- 포개어 끼워 넣는 식의 안테나
- 의자 쌓기(저장을 위해 위로 겹쳐 놓기)
- 안에 연필심이 있는 기계 연필
- 마트레쉬카(Matrioshkas)
- 등급이 다른 석유를 한 배로 저장하고 수송하는 방법. 이 방법은 점도가 높은 석유를 점도가 낮은 석유의 안쪽 부분에 두기 때문에 창의적이다.
- 은행의 수평적 통합에 의한 대형화(Big Bank)
- 상점 속에 상점(Shop in Shop) / 다겹 반찬통(락앤락)
- 은행 내의 작은 은행(ATM기) / 할인점 안의 병원과 스포츠센터
- 개인병원 의사들이 공동 브랜드 병원(예치과)

8. 평형추(Counterweight)

원리 :

가. 한 물체의 무게를 상쇄하기 위해, 들어 올리는 힘을 내는 다른 물체와 결합한다.
나. 물체의 무게를 상쇄하기 위해 공기역학적, 유체역학적인 힘을 이용한다.

사례 :

- 배가 수중날개를 갖는다.
- 경주용 차는 밑으로 미는 압력을 올리기 위해 후미 날개를 갖는다.
- 헬륨가스가 든 풍선에 광고물을 매단다.
- 비행기 날개 형상은 바람에 대해 부양력을 갖는다.
- 남이섬은 Storytelling을 활용하여 활성화시켰음
- 아파트의 브랜드화(친근한 이미지로 활성화 - 래미안, e편한세상, 캐슬)
- 헬륨가스가 든 풍선에 광고물을 매단다.
- 날짜 마케팅 : 발렌타인데이, 화이트데이, 빼빼로데이 등
- P&G의 문자 및 그림이 프린팅된 감자칩 프링글스 프린트

9. 선행반대조치(Prior counteraction)

원리 :

가. 약산의 작용을 수행할 필요가 있다면, 미리 반대조치를 가한다.
나. 만약 물체가 긴장 하에 있어야 한다면, 미리 반대 긴장을 준다.

사례 :

- 강화 콘크리트 기둥이나 마루
- 강화 샤프트 - 샤프트를 보다 강하게 만들기 위해 계산된 각도로 미리 비틀은 여러 개의 파이프로 만든다.
- 눌러진 스프링
- 현관문에 장착된 댐퍼. 문을 열 때 미리 힘을 받아서 유압장치로 저장해 놓고, 문을 닫을 때 천천히 닫히도록 한다.
- 해고 전에 보상, 전직 알선, 재취업 교육 등을 미리 실시
- 임금 피크제
- 특허, 면허, 저작권 등록으로 재산 권리 보호
- 프로젝트 착수 전에 위험을 측정하고 행동수칙을 정한다.
- 마케팅 선도 기업이 후발 기업으로의 전환장벽을 높이기 위한 후발제품과 기능호환성 차별화 정책

10. 선행조치(Prior action)

원리 :

가. 물체에 요구되는 변화를 미리(완전히 또는 부분적으로) 가한다.
나. 조치를 기다리는 동안 시간 낭비가 없이 조치에 들어갈 수 있도록 물체를 배열한다(가장 편리한 위치에서).

사례 :

- 실용 칼날은 무딘 칼날을 잘라내 날카롭게 하기 위해서 홈을 두어 만든다.
- 병 안에 고무 접합제는 깨끗하고 균일하게 사용하기가 어렵다. 대신에 적절한 양을 쉽게 사용할 수 있도록 접합제를 테이프로 만든다.
- 수술에 필요한 기구를 미리 소독한다.
- 실톱을 사용하여 깁스의 회반죽 틀을 제거하는 방법. 이 방법은 회반죽 틀을 만들 때 틀 안쪽에 플라스틱 튜브를 넣고 그 속에 칼날을 넣어둔다.
- 사전예약자 항공탑승권 자동발급기
- 미리 풀칠한 벽지 및 우표 / 개봉하기 쉽게 약간만 자른 포장지 및 우편봉투
- 회의 전 미리 안건을 배포함 / 종료시간을 정하고 하는 회의
- 낚시하기 전에 미리 떡밥을 뿌려놓는다.
- Hertz 렌터카는 렌터카 출발 전에 냉방이나 난방을 미리 시켜놓음

11. 사전예방(Cushion in advance)

원리 :

가. 어떤 물체의 신뢰성이 그다지 높지 않을 경우, 미리 준비된 비상수단을 써서 보완한다.

사례 :

- 들치기를 예방하기 위해 가게 주인은 자석판이 있는 특별한 인식표를 붙인다. 손님이 상품을 가게 밖으로 가져가기 위해 점원이 그 판의 자성을 없앤다.
- 첨가제를 사용하여 화학약품의 독성작용을 줄이는 방법. 이 방법은 약품을 생산하는 동안에 첨가제를 기본 독성물질과 함께 혼합한다.
- 식물로 장벽 띠를 심어서 산불의 확산을 막는 방법. 이 방법은 식물로 만든 장벽이 연소를 늦추는 화학물질 또는 생물학적으로 흡수된 비료를 토양에 전달한다.
- 자동차 에어백.
- 총각네 야채가게 - 맛있는 과일을 판매하기 위해 철저한 시식구매를 실시
- PC data를 백업해 놓음 / 수시로 Anti-Virus 소프트웨어를 실행
- Fuse Box : 과전류 유입 시 Fuse는 자동 훼손 되고 전원이 차단됨
- 스프링 쿨러 : 연기/온도를 감지하여 화재를 방지함
- 고속도로 위험구간의 음악도로 설치(규정속도 준수 시 음악이 흘러나옴)
- 공사장의 안전모

12. 높이 맞추기(Equipotentiality)

원리 :

가. 물체를 들어 올리거나 내릴 필요가 없도록 작업조건을 바꾼다.

사례 :

- 자동차 엔진 오일은 갱도를 파 놓은 데서 일하는 작업자에 의해 교환된다(그래서 들어 올려주는 값비싼 장치가 필요 없다.).
- 주형을 운반하는 곳에 롤러 컨베이어를 설치한다. 컨베이어의 높이는 주형 프레스의 높이와 같다.
- 컨테이너를 트럭에 집적 싣는 대신에 유압 실린더로 약간 들어 올려서 받침대 위에 올려놓는다. 이렇게 하면 크레인을 사용하지 않고도 매우 큰 컨테이너를 트럭에 실을 수 있다.
- 서산 방조제 유조선을 이용한 물막이 공사
- 커뮤니케이션은 격렬하면서도 따뜻하게 해야 함
- 임시로 무료제품이나 서비스를 제공하여 구매로 유도
- 해당 지역의 지역 언어를 사용하는 광고
- 아메리카 은행의 초인종 효과 운영에 의한 수익 상승(고객을 아무런 정보 없이 무작정 기다리게 하는 시간을 효과적으로 활용)
- 홈쇼핑에서 주부를 쇼핑 호스트로 활용

13. 반대로 하기(Inversion)

원리 :

가. 문제가 요구하는 직접적 조치 대신에, 반대조치를 취한다.
나. 물체를 움직이는 부분으로 만든다. 또는 움직이지 않는 부분은 움직이게 하고 외부 환경을 움직이지 못하게 한다.
다. 물체의 위아래를 뒤집는다.

사례 :

- 연마제 대신에 부품을 진동시켜서 부품을 연마한다.
- 꽉 끼인 두 물체를 분리하기 위해 바깥을 가열하는 대신에 안을 차게 한다.
- 사람은 서게 하고 보도를 움직이게 한다.
- 컨테이너에 곡물을 비울 때 곡물을 뒤집는다.
- 티저광고(광고상품을 숨겨서 호기심을 유발한다)
- 일본의 돈키호테숍은 무질서한 진열로 고객이 상품을 발견하는 즐거움을 가지게 한다.
- 경기침체기에 조직 축소 대신 공격적인 조직 확산
- 패스트푸드를 슬로우 푸드로 고급화
- 카페에서 커피를 파는 대신 입장료를 받는다(민들레영토).

14. 구형화(Spheroidality)

원리 :

가. 직선을 곡선으로, 평면을 곡면으로, 입방체를 구체로 바꾼다.
나. 롤러, 볼, 나선형을 이용한다.
다. 선운동을 회전운동으로 바꾼다. 원심력을 활용한다.

사례 :

- 컴퓨터 마우스는 선형, 2축 운동을 벡터로 전달하기 위해서 볼 구성을 활용한다.
- 물체를 보강하기 위해 볼록하게 한다.
- 잉크가 잘 나오게 하기 위해 볼펜 끝에 볼을 사용한다.
- 공모양의 적극을 사용하여 파이프를 쇠격자에 용접하는 장치
- 채광기계는 작동요소로서 바위를 부수는 전극막대를 가지고 있다. 이 전극은 절연축에 장착된 자유롭게 회전하는 원뿔모양의 롤러이다. 단단한 바위를 분쇄할 때 이 롤러가 효율을 높여준다.
- 방향조절 파라솔
- 잉크가 잘 나오게 볼펜 끝에 볼을 사용함
- 롤 필름(카메라 시장 확대에 기여)
- 나선형 계단(공간 효율 향상 및 미적 요소)
- 아라비아 칼(반원형이라 칼의 강도도 높고, 적은 힘으로 물체를 벨 수 있음)
- 신발 바닥의 곡선화(마사이 워킹슈즈)
- 두바이 인공섬 팜 아일랜드는 해안선을 원형 곡선화 함

15. 역동성(Dynamicity)

원리 :

가. 물체나 외부환경의 특성을 각 작동단계에서 최적의 성능에 지동적으로 맞추게 한다.
나. 상대적인 위치를 서로 바꿀 수 있는 요소로 물체를 나눈다.
다. 물체가 움직일 수 없으면 움직이게 하거나, 서로 교환하게 만든다.

사례 :

- 손전등이 몸체와 램프 머리 사이에 유연한 S자형 관을 가질 수 있다.
- 운송 배는 원통형 몸체를 갖는다. 전 하중 하에서 배의 끄는 힘을 줄이기 위해서 몸체는 경첩으로 두개가 연결된(열릴 수 있는) 절반 원통형 부품으로 구성되어 있다.
- 고무로 된 물갈퀴. 여러 종류의 수영을 위해 물갈퀴의 뻣뻣한 정도를 조절할 수 있게 해 준다.
- 위장검진을 위한 유연한 내시경
- TV 프로그램 - 무한도전 / 1박 2일
- 일본 아사히야마 동물원에서 직원들의 아이디어를 설계에 반영
- 3M의 15% 룰, 구글의 20% 룰(일과 중 자기 시간 사용 비율)

16. 과부족조치(Partial, overdone, or excessive action)

원리 :

가. 바람직한 효과를 100% 달성하는 것이 어렵다면, 문제를 매우 단순화 하기 위해서 어느 정도 그보다 많게 또는 적게 달성한다.

사례 :

- 원통은 페인트에 담가서 페인트 한다. 하지만 원하는 것보다 더 많은 페인트가 묻는다. 과량의 페인트는 원통을 빠르게 회전시켜 제거한다.
- 저장통에서 금속 분말을 균일하게 방출하기 위해서 호퍼는 거의 일정한 압력을 제공하기 위해 계속적으로 넘치며 채워지는 특별한 내부 깔때기를 갖는다.
- 자동차나 배를 도장할 때 초과해서 칠하고 여분은 제거한다.
- 어떤 시약(요오드화 은)을 이용하여 비구름으로부터 우박을 결정화함으로써 우박을 제어하는 방법. 굵은 물방울을 가진 구름에서만 우박결정을 형상한다.
- 가로수에서 뿌리를 제거할 때 전체 뿌리보다 적게 잘라낸다.
- 2500불 짜리 초저가 자동차(인도의 타타 자동차)
- MP3에 80GB의 메모리 용량(애플 아이팟)
- 휴대폰의 앞면 전체를 터치스크린으로 한 프라다 폰
- 메피스토의 법칙(불순한 의도가 더 좋은 결과를 가져오는 현상)

17. 차원 바꾸기(Moving to a new dimension)

원리 :

가. 1차원(선으로) 운동하는 물체를 2차원(평면을 따라) 운동하게 하여 문제를 제거한다. 비슷하게 평면으로 움직이는 물체의 문제는 그 물체가 3차원 운동하도록 바꿔면 제거된다.

나. 단일층 대신에 물체의 다층 구성을 활용한다.

다. 물체를 기울이거나 옆으로 눕힌다.

라. 물체의 주변 영역 또는 반대쪽으로 그 이미지를 투영한다.

사례 :

- 온실의 북쪽 부분에 오목 반사경을 설치해서, 북쪽으로 태양 빛을 반사시킴으로써 낮에 조도를 개선한다.
- 기판의 집적도를 높이기 위해 하이브리드 회로를 사용한다.
- 적외선 컴퓨터 마우스는 평면대신에 공간에서 움직인다.
- CD 재생기는 여러 장의 CD를 내장하여 재생한다.
- PC로 멀티탭을 콘트롤 하는 잉카솔루션의 절전형 체크탭
- 미국 Wells Fargo 은행은 금융산업에서 소수민족으로 등한시 되던 라틴, 아시아, 흑인, 인디언계 시장으로 사업영역 확대
- 고객만족도 조사를(CSI) 고객추천지수(NPS-Net Promote Score)로 전환
- Off 라인 교육을 On 라인으로 전환(메가스터디)

18. 기계적 진동(Mechanical vibration)

원리 :

가. 물체를 진동 안에 놓는다.
나. 이미 진동이 있다면 그 진동수를 초음파까지 올린다.
다. 공진 주파수를 이용한다.
라. 기계적 진동 대신에 압전 진동을 사용한다.
마. 초음파 진동을 전자기장과 연계하여 사용한다.

사례 :

- 피부손상 없이 몸에서 깁스를 제거하기 위해 통상의 톱을 진동 칼로 대체한다.
- 진동날을 가진 전기면도기
- 초음파 세척기
- 초음파진동으로 돌을 깨는 장치
- 자기장을 걸어서 먼지를 가라앉히는 방법
- 햅틱폰의 터치&반응 기능
- 일본 미쓰이 스미토모 은행과 미국 커머스 뱅크의 7day 및 야간영업 실시
- 방문해서 학습을 지도(눈높이 학습)
- 기업을 찾아가는 음악회(금난새)

19. 주기적 작동(Periodic action)

원리 :

가. 연속적인 작동을 주기적으로 작동(임펄스, Impulse)으로 대체한다.
나. 작동이 이미 주기적이면 그 주파수를 바꾼다.
다. 추가적인 작동을 제거하기 위해서 임펄스 사이의 쉬는 시간을 사용한다.

사례 :

- 충격 렌치는 계속적인 힘 보다 임펄스를 사용해서 녹슨 너트를 푼다.
- 경고등은 계속해서 비추기보다는 훨씬 눈에 잘 띄기 때문에 번쩍인다.
- 망치로 여러 번 반복하여 못을 박는다.
- 모스 신호 대신에 FM 신호를 사용한다.
- 높은 굴뚝 대신에 연기를 소량식 주기적으로 내보낸다. 연기는 3000미터까지 상승을 할 수 있다.
- 버스 전용 차로제 및 러시아워 가변 차선제
- 썸머타임제 / 안식년 휴가제
- 24시간 자동차 서비스 운영(저녁 때 맡기고 다음날 아침 찾음)
- 레스토랑에서 점심시간을 이용한 스낵과 커피 판매
- 보일러 판매점의 에어컨 판매(귀뚜라미)

20. 유익한 작용의 지속(Continuity of useful action)

원리 :

가. 중단 없이 작동한다. 물체의 모든 부분들이 최대 성능으로 계속해서 작동해야 한다.

나. 헛된 동작 또는 중간 동작을 제거한다.

사례 :

- 드릴 통은 앞 방향과 뒤 방향의 절단 프로세스가 가능한 절단 날을 갖고 있다.
- 양방향 잉크젯 헤드. 프린터는 인쇄 후 돌아올 때도 인쇄를 한다.
- 두 세트의 파이프를 이용하여 여러 개의 우물을 파는 방법. 2~3개의 관정을 동시에 굴착할 때 다원통 회전자를 사용한다. 이러한 원통들은 서로 독립적으로 작동한다. 게다가, 마모된 끝을 교환할 수 있도록 두 세트의 드릴 파이프를 교대로 우물 속으로 내려 보내거나 꺼내 올린다. 끌 교환과정은 교대로 하는 우물을 파는 작업과 자동적으로 연결되어 있다.
- 자동차 실린더는 흡기-압축-팽창-배기의 작용을 지속하면서 엔진에 힘을 제공한다.
- 레미콘 차 회전 : 재료를 섞고, 굳지 않게 함
- 24시간 CVS
- 은행의 온라인 뱅킹
- 'Always On' 비즈니스를 통한 Global化 추진
- 업무가 중단된 동안 교육 훈련 실시
- 스키장의 여름 골프장
- 방학도 교육의 연장개념으로 신제도 도입

21. 고속처리(Rushing through)

원리 :

가. 해롭고 위험 한 작용은 고속으로 처리한다.

사례 :

- 내벽이 얇은 플라스틱 튜브의 절단기는 고속으로 절단함으로써 튜브 변형을 예방한다(튜브가 변형하기 전에 절단함.).
- 치과용 드릴은 연마 시 온도상승 방지를 위해 고속 회전한다.
- 플라스틱을 자를 때 온도상승, 변형을 방지하기 위해 빨리 자른다.
- 윤전인쇄기. 원통형의 판면(블록판, 평판, 오목판)과 압동을 서로 접촉 회전시켜 인쇄하는 기계. 인쇄기 중에서 가장 속도가 빠르다.
- 고속도로 톨게이트의 하이패스
- 렌터카 업체 AVIS는 렌트 시간이 길어지면 신청 부스를 거치지 않고 바로 배정
- 사우스웨스트 항공은 턴어라운드(도착 후 재출발 시까지 소요시간) 시간을 15분으로 단축하여 항공기 운항 회전율을 높임
- ING 다이렉트 상품(판매 상품 수는 대폭 줄이고 온라인 판매 창구는 단순하고 신속한 체제로 바꿈)
- 신문 인쇄 잉크는 3백도의 히터로 신속하게 가열하여 말린다.
- 플라스틱을 자를 때 온도 전파, 변형 방지를 위해 빨리 자른다.
- 입원하지 않고 당일 치료(우리들 병원)

22. 전화위복(Convert harm Into benefit)

원리 :

가. 긍정적인 효과를 얻기 위해, 환경의 해로운 인자 또는 효과를 활용한다.
나. 해로운 인자를 다른 해로운 인자와 결합시켜서 제거한다.
다. 해로운 작용이 그칠 때까지 해로운 작용의 양을 증가시킨다.

사례 :

- 모래나 자갈은 차가운 기후에서 운송할 때 얼려 굳힌다. 액체질소를 사용해서 얼려 놓으면 얼음을 무르게 하며, 이것이 펴 붓는 것을 가능하게 한다.
- 금속을 가열하기 위해 고주파 전류를 사용할 때 단지 외층만이 가열된다. 이 부정적인 효과는 이제 표면 열처리에 사용된다.
- 산불을 막기 위해 맞불을 지른다.
- 광석분쇄기의 두 부분 사이에 움직이는 접합부분은 잘 부러진다. 미리 그 부분은 부러뜨리면 어떨까? 그렇게 해서 잘 부러지지 않는 실린더형 베어링통이 개발되었다.
- 여성용 사우나 헤어캡(사우나 열을 이용하여 약품 처리된 헤어캡이 미용효과를 가져옴)
- 추운 도시 하얼빈의 얼음축제
- 실패자산(일류기업들의 진정한 혁신은 '창조적 실패'에서 나온다)
- 고객불편에서 착안하여 신상품 개발 및 신시장 개척을 함(3M)

23. 피드백(Feedback)

원리 :

가. 피드백(feedback)을 도입한다.
나. 피드백이 이미 존재하면 그것을 반대로 해라.

사례 :

- 우물의 수압은 출력 압력을 탐지하여 만약 압력이 떨어지면 펌프를 가동시켜 유지된다.
- 얼음과 물은 별도로 무게를 재지만 정확한 전체 무게로 합해야 한다. 얼음을 정확하게 분배하기가 어렵기 때문에 먼저 무게를 잰다. 얼음의 무게를 물 제어실로 보내는데, 제어실이 필요한 물 양을 정확하게 분배한다.
- 잡음 소거 장치가 잡음원의 효과를 제거하기 위해 잡음신호를 견본 조사하여, 그들을 이동시키고 피드백 한다.
- 히터의 온도를 정확히 유지하기 위해 온도센서를 통해 히터에 흐르는 전류를 조절한다.
- 고객의 소리를 중요시하는 부메랑 마케팅
- Monitoring / VOC(Voice of Customer)
- 댓글 마케팅 / 웹사이트 커뮤니티

24. 매개체(Mediator)

원리 :

가. 작용을 전달하거나 수행하기 위해 매개체를 사용한다.
나. 쉽게 제거할 수 있는 물체를 원래 물체에 임시로 연결한다.

사례 :

- 액체 금속에 전류를 넣을 때 에너지 손실을 줄이기 위해, 냉각 전극과 낮은 용융 온도를 갖는 중간 액체금속을 사용한다.
- 목수가 못을 잘 박기 위해 망치와 못 사이에 보조기구를 사용한다.
- 뜨거운 냄비를 식탁으로 가져가기 위해 홀더를 사용한다.
- 대기부식의 휘발성 억제제로 보호표면을 덮는 방법. 매개 액체금속 안에 있는 냉각 전극을 통해 전류를 금속에 공급한다. 매개 액체금속은 주 금속보다 녹는 점은 낮지만, 비등점에서의 밀도는 높다. 이 방법으로 전기손실을 줄여준다.
- 펀드를 이용한 간접투자
- 어려운 일을 협상할 때 편파적이지 않은 사람을 참여시킨다.
- 여행사 및 이벤트 대행사
- 국제항공화물의 배송시스템은 핵심 분류센터를 이용(Hub & Spoke)
- 중매자 및 결혼정보회사 / 변호사 및 공인중개사

25. 셀프 서비스(Self-service)

원리 :

가. 물체 스스로 서비스하게 하고, 보충 및 수리 작업을 수행하게 한다.
나. 버리는 재료와 에너지를 이용한다.

사례 :

- 분쇄 롤러 면에 연마제를 균일하게 분산시켜 공급기 마모를 예방하기 위해서, 롤러 표면을 연마제와 같은 재료로 만든다.
- 전기 용접 총에서 막대는 특별한 장치로 공급된다. 시스템을 단순화하기 위해서 막대가 용접 전류에 의해 제어되는 원통 코일에 의해 공급된다.
- 할로겐 램프의 필라멘트는 사용 도중 스스로 재생된다.
- 퓨즈는 전류가 끊어지고 안 뒤 스스로 복귀된다.
- 동물의 배설물을 비료로 이용한다.
- 사우스웨스트 항공 탑승수속 과정 중 직원의 도움이 없는 간단한 업무는 고객이 직접 처리하게 하여 수속 대기시간을 단축함
- 슈퍼마켓과 편의점 셀프 매대 구성
- 고객이 직접 조작하는 은행의 고지서 납부용 ATM기

26. 복제(Copying)

원리 :

가. 복잡하고, 비싸며, 깨지기 쉽거나 사용하기 불편한 물체 대신에 단순하고 값싼 복제품을 사용한다.

나. 물체 또는 그 시스템을 광학적 복사나 이미지로 대체한다. 이미지를 축소하거나 확대할 수 있다.

다. 가시광선 복사가 사용되고 있으면, 적외선 또는 자외선으로 대체한다.

사례 :

- 키가 큰 물체의 높이는 그 그림자를 측정해서 구할 수 있다.
- 열을 감지하거나 보안시스템에 침입자를 감지하기 위해 적외선으로 측정한다.
- 지도로 그려진 이미지로부터 직접 지질학 조사를 할 수 있다.
- 가상현실 기술을 활용하여 실제 제조현장을 시뮬레이션 할 수 있다.
- 항공사들은 사우스웨스트 항공의 팀워크 향상 교육을 벤치마킹
- 커머스 뱅크의 맥도날드 벤치마킹(입지선정 능력)
- 시카고 은행의 델타항공 벤치마킹(서비스 처리속도)
- 조찬 모임(세미나, 강의)

27. 일회용품(An inexpensive short-life object instead of an expensive durable one)

원리 :

가. 값비싼 물체를 값싼 물체로 대체하고, 다른 특성들(예를 들면, 수명)과 타협한다.

사례 :

- 일회용 기저귀
- 일회용 쥐덫은 미끼가 있는 플라스틱 튜브로 구성되어 있다. 쥐가 원뿔형 입구로 덫에 들어간다. 굽은 내벽이 쥐의 탈출을 막는다.
- 일회용 주사기. 위생 규정상 주사기와 바늘을 45분 이상 소독해야 한다. 그런데 가능한 한 빨리 주사를 놓아야 한다. 약품은 주사하고 주사기는 버린다.
- 일회용 기저귀
- 일회용 마스크
- 고급 승용차 렌터카 서비스
- 시뮬레이션(전쟁 및 비즈니스)
- 프로젝트에 앞선 Pilot나 Prototype 형태의 시범 사업 구상
- 텔레마케팅과 전화조사에서 임시직을 고용함
- 단기 프로젝트에서 임시직을 고용함
- 정수기 렌탈

28. 기계시스템의 대체(Replacement of mechanical system)

원리 :

가. 기계시스템을 광학, 음향, 또는 후각 시스템으로 대체한다.
나. 물체와 상호작용을 위해 전기장, 자기장 또는 전자기장을 사용한다.
다. 장(field)을 대체한다 : 정지한 장을 움직이는 장으로 바꾼다, 고정된 장이 시간에 맞추어 변하는 장이 된다, 불규칙 장을 조직화된 장으로 바꾼다.
라. 장을 강자성 입자와 연계하여 사용한다.

사례 :

- 열가소성 재료에 대한 금속코팅 결합을 증가시키기 위해서 금속에 힘을 부여하는 전자기장 내부에서 공정을 수행한다.
- 가스누출을 알리기 위해 지독한 냄새물질을 가스에 첨가한다.
- 두 종류의 분말을 섞기 위해 한 쪽에는 양전하, 다른 쪽에는 음전하를 가한다.
- 방송은 전방향으로 송신되고, 수신자는 방사형의 안테나를 사용한다.
- GPS 센서를 이용한 물류시스템(트럭의 위치를 실시간 점검)
- 리더나 경영자의 현장 순회관리 MBWA(Management By Walking Around)
- 할인점에서 구운 빵 냄새를 퍼뜨려 판매촉진

29. 공압식/유압식 구조물(Use a pneumatic or hydraulic construction)

원리 :

가. 물체의 고체 부분을 기체나 액체로 대체한다. 이러한 부품들은 팽창을 위해 공기나 물을 사용할 수 있고, 공기쿠션 또는 수압 쿠션을 사용할 수 있다.

사례 :

- 산업용 굴뚝의 통풍을 증가하기 위해서 노즐이 있는 나선형 파이프를 설치한다. 공기가 노즐을 통해 흐를 때, 저항을 줄이는 공기 내벽을 만들어 준다.
- 깨지기 쉬운 제품을 운송하기 위해서 공기 기포 봉투나 기포 재료가 사용된다.
- 자동차 감속시 에너지를 유체 시스템에 저장하고 가속시 사용한다.
- '젤' 물질을 넣은 신발 깔창
- 스프레이 안개를 이용하여 페인트칠을 한 다음 환기시스템을 통하여 용제와 페인트 연기를 제거하는 에어 커튼
- 접는 휴대용 피아노
- 계약 시 '여유 조항'의 삽입
- 롤러 블레이드 / '젤' 물질이 든 신발 깔창
- 충격완충을 위한 포장용 공기 비닐
- 유연한 생산방식(다품종 소량생산)
- 고정적 비즈니스 프로세스를 외부 환경변화나 자극에 대처할 수 있도록 유연한 프로세스로 전환

30. 유연한 필름 또는 얇은 막(Flexible film or thin membranes)

원리 :

가. 재래식 구조물을 유연한 막이나 얇은 필름으로 대체한다.
나. 얇은 필름 또는 막으로 외부 환경으로 부터 물체를 고립한다.

사례 :

- 식물 잎으로부터 증발하는 물의 손실을 예방하기 위해서 폴리에틸렌 스프레이를 뿌린다. 폴리에틸렌 필름은 물이 증발하는 것보다 산소를 더 잘 통과 시키지 못하기 때문에 폴리에틸렌이 굳어서 식물 성장이 개선된다.
- 테니스 코트 보온커버용으로 부푸는 구조물을 사용한다.
- GE에서 개발한 깨지지 않는 백열등(전구의 얇은 막)
- 커피가 쏟아지는 것을 방지하기 위해 덮은 얇은 막
- 겨울철 열을 보호하기 위해 창문에 붙이는 뽁뽁이
- 자일리톨 껌 표면 처리
- 당의정 약 / 캡슐 약
- 개방된 공간에서 일하는 사무실 근로자는 집중해야 할 때, 커튼을 이용하여 자신을 혼란스러운 외부환경으로부터 차단한다.

31. 다공질 재료(Porous material)

원리 :

가. 물체를 다공질 재료로 만들거나, 추가로 다공질 요소(삽입물, 덮게 등)를 사용한다.
나. 만일 물체가 이미 다공질이면, 미리 어떤 물질로 구멍을 채운다.

사례 :

- 기계의 냉각재 주입을 피하기 위해 기계가 작동할 때 증발하는 냉각제 액체에 적신 다공성 물질(다공성 분말 철)로 기계의 일부분을 채운다. 이것이 짧은 기간, 균일한 냉각을 제공한다.
- 구조물의 무게 감소를 위해 구멍을 뚫는다.
- 납땜 후 여분을 제거하기 위해 스크린망을 사용한다.
- 전기 모터를 위한 증발 냉각 시스템. 냉각제(기계가 작동할 때 증발함)로 포화된 다공성 강철가루는 짧은 기간동안 강력하고, 균일한 냉각작용을 제공한다.
- 모든 계층에서 접속 가능한 인트라넷을 개발함으로써 내부 의사소통의 향상을 가져옴
- 사우스웨스트 항공의 경영목표 '오렌지 조직이 되자'(껍질 한 번만 벗기면 바로 먹을 수 있는 것과 같은 기동성 있는 조직)
- 조직을 가볍게 하여 기동성을 증가시킨다.
- 탄소섬유 골프채 : 가볍고 강하다.

32. 색깔변경(Changing the color)

원리 :

가. 물체나 그 외부 환경의 색깔을 바꾼다.
나. 물체나 그 외부 환경의 투명도를 바꾼다.
다. 관찰하기 어려운 물체나 과정을 관찰하기 위해 유색 첨가제를 사용한다.
라. 만약 그러한 첨가제가 이미 사용되고 있다면 발광추적자 또는 추적 원소를 사용한다.

사례 :

- 투명 붕대는 붕대의 제거 없이 상처를 관찰하게 해준다.
- 철광소에서 물 커튼이 과열로부터 작업자를 보호하기 위해 사용된다. 하지만 이 커튼은 적외선만을 막는다. 그래서 용융철로부터 밝은 빛은 쉽게 물 커튼을 통과한다. 투명을 유지하면서 여과효과를 만들기 위해 물에 안료를 첨가한다.
- 사진 현상 암실에서 안정등을 사용한다.
- 선그라스는 반투명도로 투사된다.
- 애플컴퓨터의 누드PC
- Fedex의 임원회의 실시간 현장 생중계
- 스타벅스의 점포 디자인(밖에서 안이 환하게 보인다.)
- 검정색 면봉은 흰색 면봉보다 사용 전후를 쉽게 알 수 있다.

33. 동질성(Homogeneity)

원리 :

가. 동일한 재료 또는 성질이 비슷한 재료인 주 물체와 물체를 반응하게 한다.

사례 :

- 곡물 연마용의 공급기 표면은 공급기를 통과하는 물질과 같은 것으로 만든다. 그래서 표면이 닳지 않고 계속적인 표면복구를 해준다.
- 열변형을 방지하기 위해 물질을 열팽창률이 같은 재질로 만든다.
- 화학반응을 억제하기 위해 용기의 재질을 동일하게 가져간다.
- 다이아몬드를 자르기 위해 다이아몬드를 사용한다.
- 용접모서리 사이의 틈에 약품을 채운 다음, 예열하여 금속을 용접하는 방법. 이런 입자의 용융물로 만든 매체에 가스를 넣어 거품을 일게 함으로써 여과공정의 효율성을 높여준다.
- 최고급 와인 샤또 무통 로칠드의 고가 정책 유지
- Brand 확장 시에도 동일 브랜드 사용
- Masstige(Mass + Prestige 대중화된 명품) 상품
- Conceptual Thinking(개념적 사고)을 통한 업의 본질을 규정함
- 아날로그 카메라 형태를 유지한 디지털 DSLR 모델

34. 폐기 및 재생(Rejecting and Regenerating parts)

원리 :

가. 물체의 요소가 그 기능을 마쳤거나 쓸모없게 되면, 그 요소를 폐기하거나 개조(버리기, 녹이기 또는 증발시키기)한다.

나. 물체의 이미 사용된 부분을 바로 되살린다.

사례 :

- 총알 외피는 발사 후에 제거된다.
- 로켓 부스터는 그 기능을 마친 후 분리된다.
- 전기발전을 위해 폐열을 이용한다.
- 약의 캡슐을 녹는 물질로 만든다.
- 다 쓴 주사기 바늘로부터 보호를 위해 스프링장치로 바늘을 후진시킨다.
- 풍력발전
- 재활용품 가게(아름다운가게)
- 특수장비 및 설비를 임대하여 사용
- 파리 오르세이 미술관(폐쇄된 기차역을 미술관으로 개조)
- 폐쇄된 기찻길을 레일바이크 놀이공원으로 개조

35. 속성변환(Transformation of physical and chemical states of an object)

원리 :

가. 물체의 응집상태, 밀도, 유연성의 정도 또는 온도를 바꾼다.

사례 :

- 깨져 가루가 되기 쉬운 물질 시스템에서 나선형 공급 스크류의 표면은 두 개의 스프링을 갖는 탄성재료로 만든다. 공정을 제어하기 위해서 스크류의 피치는 원격으로 바꿀 수 있다.
- 산소, 질소, 가스 등을 운반시 부피를 줄이기 위해 액화시킨다.
- 비누를 고체에서 액체상태로 만들어 사용하면 편리하고 위생적이다.
- 고무의 유연성과 내구성을 향상시키기 위해 유황처리 한다.
- 냉동된 고기를 요리하기 위해 온도를 높여서 부드럽게 한다.
- 텔레뱅킹 / 전자투표
- 아날로그를 디지털로 전환
- 가상 쇼핑 - e.g.Amazon.com / 사이버론(인터넷 대출)
- 인터넷 전업은행 SFNB(Security First Network Bank)
- 게임 초보자인 성인, 여성도 이용할 수 있는 게임기(닌텐도)
- 멕시코 세멕스사는 시멘트를 소형 선물로 포장한 슈퍼마켓 판매로 성공을 거두었음

36. 상전이(Phase transition)

원리 :

가. 물질의 상전이 과정에서 발생한 효과를 이용한다.

사례 :

- 늑골모양 파이프의 팽창을 제어하기 위해서 파이프를 물로 채워서 어는 온도까지 냉각한다.
- 물이 얼 때 팽창하는 것을 이용해 바위를 깬다.
- 냉장고는 냉매의 기화와 액화현상을 이용한다.
- 폐쇄루프를 통해 순환되는 액체냉각제로 다양한 물체를 냉각시킨다.
- 지도의 본질을 바꾼 네비게이터
- 책의 형질을 전자책으로 바꿈(아마존)
- 공기없는 타이어
- 함평군의 나비축제
- 물이 얼 때 팽창하는 것을 이용해 바위를 깬다.

37. 열팽창(Thermal expansion)

원리 :

가. 열에 의한 물질의 팽창 및 수축을 이용한다.
나. 열팽창 계수가 다른 여러 가지 재료를 이용한다.

사례 :

- 온실의 지붕 창문을 제어하기 위해서 바이메탈 판을 창에 연결한다. 온도의 변화에 따라 판이 구부러져서 창을 열거나 닫는다.
- 재료를 결합 시 하나는 차게 다른 하나는 뜨겁게 하여 결합한다.
- 바이메탈 원리를 이용한 자동 온도조절기
- 움직이는 축 위에 있는 파이프를 낮은 온도에서 늘이는 방법
- 결정체의 씨를 만들어 주기 위한 장치 받침대와 같은 물체의 미세 움직임을 제공하는 장치. 이 장치는 미리 설정된 프로그램을 사용하여 필요한 방향으로 물체의 움직임을 바꾸어 주는 2개의 막대를 가진다. 하나는 전기적으로 가열되고, 하나는 전기적으로 냉각된다.
- 고객관계 관리 5-20 원칙(상위 5% 고객이 20%의 매출 점유)에 의거한 관리력 집중
- 20-80 Pareto rule의 적용
- 스츄레오나드 슈퍼마켓은 고객이 뽑은 친절사원의 사진을 매장에 게시하여 사기를 높임
- 스칸디나비아 항공은 고객접점 인원에게 고객서비스 결정 권한의 완전한 위임을 함
- 사우스웨스트 항공은 팀에 의사결정 권한을 위임
- 개인 블로그의 네트워크화(싸이월드)
- 기업의 메세나 활동(예술, 문화, 과학에 대한 지원)

38. 산화가속(Use strong oxidizers)

원리 :

가. 정성공기를 농축공기로 대체한다.
나. 농축공기를 산소로 대체한다.
다. 산소 또는 공기 안에서, 이온화 복사선으로 물질을 처리한다.
라. 이온화된 산소를 사용한다.

사례 :

- 토치램프로부터 더 많은 열을 얻기 위해서 공기 대신에 산소를 토치에 공급한다.
- 농축산소를 물질에 불어 넣음으로써 공정을 강화하여 분산 물질을 굳게 하고 굽는 방법
- 절단용 가스로써 순수산소로 만든 플라즈마로 스테인레스 강철을 절단하는 방법
- 광석을 하전 층에 투입하기 전에 산화제와 연료가스를 이온화함으로써 광석의 응집을 강화하는 공정
- 구글의 아이디어 칠판 제도
- 팀에 새로운 피를 수혈하거나, 새로운 도전과제 투입
- CRM의 Wake up 프로그램(방문 빈도수가 줄어든 고객의 활성화)
- 미라이 공업 야마다 사장의 유토피아 경영(연간 휴가 140일, 70세 정년 등)
- 3M의 사내 벤처제도
- 프로젝트팀을 구성할 때 사람들의 화학 반응을 고려(흥미있는 상호작용으로 불꽃을 튀길 사람을 찾아라)

39. 불활성환경(Inert environment)

원리 :

가. 정상적인 환경을 비활성 환경으로 대체한다.
나. 공정을 진공에서 처리한다.

사례 :

- 창고 안에 옮기기 쉬운 불꽃으로부터 양모를 보호하기 위해서 저장장소로 이송도중에 불활성 가스로 처리한다.
- 전구의 필라멘트 보호를 위해 아르곤 가스를 주입한다.
- 실리콘 웨이퍼를 진공에서 처리한다.
- 식품의 유통기한을 늘리기 위해 진공포장을 한다.
- 소화기
- 빌게이츠의 'Think Week'(매년 1주씩 업무를 떠나서 생각하는 주간을 가진다.)
- 비즈니스, 정치상황에서의 냉각기
- 전구의 필라멘트 보호를 위해 알곤 또는 질소가스를 주입
- 스낵의 부스럼을 방지하기 위한 봉지 내 가스 주입
- 작업공간에 '조용한 영역' 도입
- 어려운 회의 시에 중간 휴식 시간을 가짐

40. 복합재료(Composite materials)

원리 :

가. 동질성 재료를 복합재료로 대체한다.

사례 :

- 군사용 비행기 날개를 고 강도와 저 중량을 얻기 위해 플라스틱과 탄소섬유 복합재료로 만든다.
- 잠수용 산소통은 산소중독과 질소마취 부작용 때문에 헬륨-산소 혼합물을 사용한다.
- 복합 에폭시수지/탄소섬유 골프채는 금속보다 가볍고 강하다.
- 유리섬유 서핑보드는 나무보다 다양한 모양을 갖고 사용이 용이하다.
- 미세한 자석입자를 잉크에 첨가한 글쓰기 방법
- 아이팟에 무선 인터넷 기능을 융합
- 화장품 냉장고 / 김치냉장고
- 해설이 있는 오케스트라(금난새)
- 강의, 시뮬레이션, 온라인, 비디오 등의 조합으로 훈련
- 여러 성격 유형을 가진 사람들로 창의적인 팀을 구성
- 아날로그와 디지털 기술의 컨버젼스
- 인터넷 판매에서 Bundle화 및 Package화로 원가 차별화 시도

창의적 문제해결 이론과 사례
TRIZ Level 1

2021년 4월 15일 초판 인쇄
2021년 4월 20일 인쇄 발행

저　　자 김익철 • 박영수 • 송용원
주재만 • 최은영
발 행 인 송기수
발 행 처 도서출판 GS인터비전
편 집 처 도서출판 GS인터비전
인 쇄 처 더블비
등록번호 제 25100-2016-000050 호
I S B N 979-11-5576-362-9(93500)

주　　소 서울 은평구 증산로 15길 69 2층
전　　화 02-976-7898
팩　　스 02-6468-7898
홈페이지 gsintervision.co.kr
E-Mail gsinter7@gmail.com

정 가 20,000원